L'ÉPIGRAMME,

COMÉDIE

EN QUATRE ACTES ET EN PROSE,

IMITÉE DE L'ALLEMAND DE KOTZEBUE ;

Représentée, pour la première fois, sur le théâtre des Variétés-Étrangères, le 4 décembre 1806.

A PARIS,

CHEZ ANTOINE-AUGUSTIN RENOUARD,

RUE SAINT-ANDRÉ-DES-ARCS, n° 55.

M DCCC VII.

PERSONNAGES:

M. LOWE, Directeur de la Chancellerie.

Mad. LOWE.

ÉDOUARD (aveugle), leur fils.

CAROLINE LOWE, fille de M. Lowe.

Mad. WARNING.

AUGUSTE WARNING, sous le nom de Blum.

CŒLINE, fille de Mad. Warning.

HYPPERPLAM, Conseiller de justice.

LE CAPITAINE KLINKER.

PHILIPPE, vieux domestique.

UN DOMESTIQUE du Conseiller Hypperplam.

La Scène est dans une des principales villes d'Allemagne.

L'ÉPIGRAMME.

ACTE PREMIER.

SCÈNE PREMIÈRE.

M. LOWE, Mad. LOWE.

(M. Lowe est assis, parcourant des actes. La porte de la chambre s'ouvre précipitamment, et sa femme entre.)

Mad. LOWE.

M. le Directeur ! M. le Directeur !

M. LOWE *lit une adresse.*

A M. Lowe, Directeur de la Chancellerie à Munich... Eh bien ! Madame...

Mad. LOWE.

Il vient d'arriver un étranger.

M. LOWE.

Cela n'est pas de mon département.

Mad. LOWE.

Un oculiste !

M. LOWE.

C'est bon.

Mad. LOWE.

Mais entendez-vous donc ? un oculiste ! on le dit très habile. Peut-être pourroit-il rendre la vue à Édouard, notre cher enfant.

1

M. LOWE.

Peut-être.

MAD. LOWE.

Et je pourrois encore espérer de voir mon fils, mon fils unique, entrer dans la carrière des honneurs.

M. LOWE *prend un acte, et lit :*

« La commune de Felsendorff, contre le Bailli de » Nimmersal. »

MAD. LOWE.

Comment ! lorsqu'il est question de votre enfant ! Maudit phlegme !

M. LOWE.

J'ai mes actes ; et les soins du ménage ne sont pas de mon département.

MAD. LOWE.

Non : je sais fort bien que vous n'aimez pas mon Édouard.

M. LOWE.

Vous me jugez mal.

MAD. LOWE.

C'est votre sentimentale Caroline, la fille de votre première femme qui seule a votre tendresse. Je ne veux pas me charger plus long-tems du soin de la garder ; je vous en préviens.

M. LOWE *se remet à lire ses actes.*

Ainsi donc la commune de Felsendorff....

MAD. LOWE.

Il faut que Caroline se marie.

M. LOWE *continuant sa lecture.*

Et le Bailli de Nimmersal.....

Mad. LOWE.

Je veux la donner au conseiller de justice Hypperplam.

M. LOWE.

Eh bien ! à la bonne heure !

Mad. LOWE.

Vous savez qu'il y a long-temps qu'il vous la demande.

M. LOWE.

Oui, oui ; mais vous savez aussi que cela n'est pas de mon département.

Mad. LOWE.

Il a deux millions de bien.

M. LOWE.

C'est bon.

Mad. LOWE.

C'est bon ! c'est bon ! surement que c'est bon. Eh bien ! votre fille a l'impertinence de me dire, en face, qu'elle n'en épousera jamais un autre que son M. Auguste Warning.

M. LOWE.

Où est-il donc à présent ce Warning ?

Mad. LOWE.

N'a-t-il pas décampé depuis dix ans !

M. LOWE.

Décampé : ah ! oui : je me rappelle.

Mad. LOWE.

Après que vous l'aviez comblé de bienfaits, lui et toute sa famille.

M. LOWE.

Son père étoit mon ami.

Mad. LOWE.

Vous donnâtes un asile chez vous à sa mère.

M. LOWE.

Une bien digne femme !

Mad. LOWE.

Vous faisiez donner à ce vaurien et à sa sœur la même éducation qu'à vos enfants.

M. LOWE.

C'étoit un plaisir pour moi.

Mad. LOWE.

Dites plutôt que c'étoit une sottise que vous faisiez. N'auriez-vous pas dû prévoir que lorsque les enfants deviendroient grands, il en résulteroit nécessairement quelque belle passion ?

M. LOWE.

Mais, vraiment, je crois que nous les avions destinés l'un à l'autre.

Mad. LOWE.

Avez-vous donc oublié que ce mauvais sujet avoit un goût pour la satire, qui le faisoit détester de tout le monde ?

M. LOWE.

Pour la satire ! c'étoit pourtant un honnête garçon.

Mad. LOWE.

Et qu'enfin il poussa l'effronterie jusqu'à faire une épigramme contre moi.

M. LOWE.

Une épigramme contre vous ! ah ! oui, je m'en souviens.

Mad. LOWE.

Et qu'il fallut alors que la famille sortît de la maison.

M. LOWE.

C'étoit bien juste ! Le père étoit mon ami, cependant.

MAD. LOWE.

Et le fils a fait une épigramme contre moi ! contre moi, Monsieur, entendez-vous bien? contre moi.

M. LOWE.

J'entends parfaitement, ma chère amie. Comment étoit l'épigramme?

MAD. LOWE.

Ne faudra-t-il pas que je vous la répète ? Non : M. Auguste Warning ne sera jamais mon gendre. Il faut que Caroline épouse Hypperplam, Conseiller de justice.

M. LOWE.

Et le plus intrépide gourmand !...

MAD. LOWE.

Les fiançailles se feront ce soir.

M. LOWE.

Cela n'est pas de mon département.

MAD. LOWE.

J'ai déjà fait appeler Caroline, et je veux le lui annoncer.

M. LOWE.

Dans ce moment-ci ?

MAD. LOWE.

Sur le champ.

M. LOWE.

Je vais donc entrer dans mon cabinet. (*il rassemble ses papiers.*)

MAD. LOWE.

Vous feriez bien, Monsieur, de joindre votre autorité à la mienne.

M. LOWE.

Oh ! ma chère amie, Caroline va pleurer, se lamen-
ter. . . .

Mad. LOWE.

On ne s'inquiète pas de cela.

M. LOWE.

Je vais à mes affaires. Se marier, pleurer, tout cela
n'est pas de mon département.

(*Il entre dans son cabinet.*)

SCÈNE II.

Mad. LOWE, PHILIPPE.

(*Mad. Lowe sonne.*)

PHILIPPE.

QUE veut Madame ?

Mad. LOWE.

Allez dans toutes les auberges de la ville, et informez-
vous d'un célèbre oculiste qu'on nomme le docteur
Blum.

PHILIPPE.

Le docteur Blum : c'est bon, Madame.

Mad. LOWE.

Et quand vous l'aurez trouvé, dites lui que nous avons
beaucoup entendu parler de ses talens, et que nous le
supplions de vouloir bien passer ici.

PHILIPPE.

Quand lui dirai-je de venir ?

Mad. LOWE.

Le plutôt possible : aujourd'hui, s'il se peut.

PHILIPPE.

C'est bon. (*il sort.*)

Mad. LOWE *seule.*

Qu'Édouard recouvre la vue, què je marie Caroline,
ma belle fille, et je suis la plus heureuse des femmes!
(*elle se jette dans un fauteuil.*)

SCÈNE III.

Mad. LOWE, CAROLINE.

CAROLINE, *entrant d'un air timide.*

VOUS m'avez fait ordonner.....

Mad. LOWE.

Venez plus près de moi, Mademoiselle. (*Caroline
s'approche.*) Voilà encore une toilette bien romanesque,
bien sentimentale! des roses! toujours des roses!

CAROLINE.

J'aime les roses.

Mad. LOWE *avec impatience.*

Je ne les aime pas, moi! (*Caroline ôte tranquillement ses roses et les jette.*) Vous savez que c'est aujourd'hui vos fiançailles avec le conseiller Hypperplam?

CAROLINE *effrayée.*

Mes fiançailles! aujourd'hui?

Mad. LOWE.

Eh bien! il semble que c'est quelque chose de nouveau que je vous annonce.

CAROLINE.

Je vous avois dit que mon cœur....

Mad. LOWE.

C'est de votre main qu'il est question. Vous avez vingt-cinq ans.

CAROLINE.

Je le sais, mais....

Mad. LOWE.

Mais, mais; c'est un autre que vous aimez.

CAROLINE.

Oui, Madame.

Mad. LOWE.

C'est très précis.

CAROLINE.

Vous-même daignâtes un jour applaudir au choix que j'avois fait de Warning.

Mad. LOWE.

Avez-vous oublié sa cruelle épigramme?

CAROLINE.

Un exil de dix ans qu'il s'est imposé lui-même, n'a-t-il pas expié sa faute?

Mad. LOWE.

Une épigramme contre moi!

CAROLINE.

Il s'en est amèrement repenti.

Mad. LOWE.

Trop tard, encore une fois. Vous épouserez Hypperplam.

CAROLINE.

Lorsque Warning se vit forcé d'abandonner sa patrie, je lui jurai que mon amour le suivroit partout : et cette promesse seule l'empêcha de s'abandonner à la violence de son désespoir.

MAD. LOWE.

Et vous imaginez-vous qu'il vous soit resté fidèle ?

CAROLINE.

Sans doute.

MAD. LOWE.

Mais supposez que cela ne soit pas....

CAROLINE.

Alors je serois bien malheureuse !

MAD. LOWE.

Vous savez, sans doute, quels lieux habite Warning?

CAROLINE.

Hélas ! non.

MAD. LOWE.

Dites-vous bien vrai ?

CAROLINE.

J'en jure par les cendres de ma mère.

MAD. LOWE.

Vous n'avez point de correspondance avec lui?

CAROLINE.

Aucune. Vous n'entendrez plus parler de moi, me dit-il en me quittant, jusqu'à ce que je puisse reparoître devant vous sans rougir.

MAD. LOWE *à part.*

Puisque tu n'as point de nouvelles de ton amant, je pourrai t'en faire recevoir qui changeront tes dispositions.... quelqu'un que je ferai venir en temps et lieu....

SCÈNE IV.

Les précédents, HYPPERPLAM.

HYPPERPLAM.

Bon jour, bon jour ! eh bien ! que vous avois-je dit ?
vous rappelez-vous ce que je vous ai dit ? hen !

mad. LOWE.

Quoi !

HYPPERPLAM.

Ni vous non plus, ma charmante future ?

CAROLINE.

Non.

HYPPERPLAM.

Comment ! vous avez oublié, oublié net. Mon aimable
future, vous dis-je il y a six semaines, nous ne
pouvons pas célébrer nos fiançailles de quelque tems.

CAROLINE.

Je m'étonne effectivement de l'avoir oublié.

HYPPERPLAM.

Il faut que nous attendions...

CAROLINE.

Oh ! tant que vous voudrez !

HYPPERPLAM.

Que j'aie reçu un pâté de Périgueux de France, et
des liqueurs des isles.

CAROLINE.

Heureusement, les isles sont bien loin.

mad. LOWE.

J'aurois cru, Monsieur.

HYPPERPLAM.

Vous allez voir... Hier, je rentre chez moi, mon valet-de-chambre vient m'ouvrir la porte : il est malin, mon valet-de-chambre ! je le vois qui sourit ; j'entre et je sens une odeur délicieuse : je me mets à chercher, et je trouve : quoi ! le pâté ! un pâté de perdrix rouges aux truffes ! oh ! cela m'a mis dans une joie ! Mais ce n'est pas tout ; oh ma foi, non, ce n'est pas tout. Ce matin, j'entends frapper à ma porte, tac, tac, entrez : je pensois que c'étoit mon cuisinier qui venoit prendre mes ordres. Je disois entrez, mais point du tout, eh bien ! devinez. Hen ! (*il les regarde toutes deux tour à tour*) c'est le facteur qui m'apporte l'avis que les liqueurs des isles sont arrivées.

CAROLINE.

Quoi ! réellement ?

HYPPERPLAM.

Je me suis mis à faire des réflexions là-dessus.

CAROLINE.

Des réflexions ! vous ?

HYPPERPLAM.

Le doigt de la Providence est ici, me suis-je dit : hier au soir le pâté ; ce matin les liqueurs des isles ; par conséquent, ce soir les fiançailles.

CAROLINE.

Vous allez vîte.

HYPPERPLAM.

Oui, bientôt on vous appellera madame la conseillère privée. Hen ?

Mad. LOWE.

Quoi ! réellement vous auriez l'espoir...

HYPPERPLAM.

Surement : dame , il m'a fallu travailler. C'est pénible.

Mad. LOWE.

Expliquez-vous.

HYPPERPLAM.

Le prince a ordonné à tous les conseillers d'arranger un plan. Entendez-vous bien? un plan.

CAROLINE.

Pour la table, sans doute.

HYPPERPLAM.

Non , non : pour des réformes.... j'y ai travaillé pendant trois mois, quatre heures par jour. On est riche : on pourroit bien payer ; mais on a de la conscience : je l'ai fait tout seul, tout seul : c'est aujourd'hui qu'il faut le présenter ; je l'ai déjà mis au net.

Mad. LOWE.

Ainsi , M. le conseiller privé....

HYPPERPLAM.

Je serai toujours votre serviteur.

Mad. LOWE.

Venez dans mon appartement , que nous convenions....

HYPPERPLAM.

De quoi ? j'ai le pâté , les liqueurs : qu'est-ce qu'il y manque donc ?

CAROLINE.

Une bagatelle, la future.

HYPPERPLAM.

Ce soir vous parlerez autrement.

CAROLINE.

Ce soir, je ne dirai qu'un mot.

HYPPERPLAM.

Et quel mot ?

CAROLINE.

Non.

HYPPERPLAM.

Non !

CAROLINE.

Non.

HYPPERPLAM *extrêmement surpris, regarde alternativement mad. Lowe et sa fille, veut dire quelque chose, bégaye et dit :*

Non ! c'est bien sec !

MAD. LOWE.

Vous direz, oui, Mademoiselle. (*à Hypperplam*) Suivez-moi, Monsieur. Je veux vous entretenir seul : vous entendez bien, Mademoiselle ? vous direz, oui.

HYPPERPLAM.

Sans doute, sans doute. Un peu de patience. Je vais lui envoyer un bel anneau. C'est peu de chose pour les accords ; mais les petits présens....

(*Il sort avec mad. Lowe.*)

SCÈNE V.

CAROLINE *seule.*

L'ANNEAU peut être beau, M. Hypperplam ! mais la chaîne n'en seroit pas moins pesante ; et je dirai non, à quelque traitement que je puisse m'exposer. Si du moins je pouvois me plaindre à mon père ! mais il a une bonté si tranquille !...

SCÈNE VI.

CAROLINE, Mad. WARNING, CŒLINE.

CAROLINE.

QUE vois-je ! mad. Warning et ma bonne Cœline !

Mad. WARNING.

Vous ne vous attendiez pas. . . .

CAROLINE.

Vous ! pourquoi pas , toi ! comme auparavant.

Mad. WARNING.

Cela ne me convient plus , ma chère enfant.

CAROLINE.

Eh quoi ! il ne convient plus que vous tutoyez une fille qui , dès son enfance , n'a connu d'autre mère que vous ? à qui vous avez donné les premiers principes de vertu ? à qui vous avez appris à penser , à sentir ?

Mad. WARNING.

Ces beaux temps ne sont plus.

CAROLINE.

L'amour et la reconnoissance doivent-ils dépendre du temps ? Voulez-vous me repousser aujourd'hui parce qu'il y a dix ans que je suis privée de la douceur de baiser cette main maternelle ?

Mad. WARNING.

Eh bien ! ma Caroline , tu as raison.

CAROLINE.

Ah ! maintenant vous tenez la promesse que vous fîtes à ma mère sur son lit de mort ! Et toi, ma Cœline, ma sœur, est-ce par un *vous* bien froid que tu vas m'aborder aussi ?

CŒLINE *la serrant dans ses bras.*

Ne vous disois-je pas bien, ma mère, que nous retrou-
verions notre Caroline!

CAROLINE.

Avez-vous pu en douter?

Mad. WARNING.

Pardonne-moi.

CAROLINE.

Après dix ans de séparation, quel heureux hasard
vous ramène dans cette maison?

Mad. WARNING.

Ce n'est point un heureux hasard, ma bonne amie.
La nécessité seule a pu m'y contraindre.

CAROLINE.

La nécessité!

Mad. WARNING.

Puis-je parler à ton père?

CAROLINE.

Je veux vous annoncer tout de suite. (*elle va et
revient.*) Encore une question. N'avez-vous pas de nouvelles d'Auguste?

Mad. WARNING.

Aucunes.

CAROLINE.

Aucunes, depuis dix ans!

Mad. WARNING.

Aucunes.

CAROLINE.

Pauvre mère!

CŒLINE.

Et ce bon Édouard?

CAROLINE.

Toujours le même état, toujours aussi doux, aussi patient.

CŒLINE.

Qui est-ce qui le conduit à présent?

CAROLINE.

Moi, quand on le permet; ordinairement un domestique.

CŒLINE.

Se souvient-il encore que j'étois chargée de ce doux emploi?

CAROLINE.

Il ne l'oubliera jamais. Il s'occupe sans cesse de toi et de ton frère.

(*Cœline joint les mains en signe d'attendrissement.*)

MAD. WARNING.

Annonce-moi, ma chère Caroline. Je desirerois ne pas rencontrer ta mère.

CAROLINE.

Ma mère! Ah! depuis que vous avez quitté cette maison, je n'en ai plus.... (*elle sort.*)

SCÈNE VII.

Mad. WARNING, CŒLINE.

MAD. WARNING.

COMME je reconnois tout ici!

CŒLINE.

Et moi!

MAD. WARNING.

J'ai habité vingt ans cette maison.

CŒLINE.

Tout m'y rappelle les jours heureux de mon enfance.

Mad. WARNING.

C'est ici que nous avions coutume de prendre le thé.

CŒLINE.

C'est ici que nous jouions avec Édouard.

Mad. WARNING.

C'étoit là la place de ton père. Dans quel doux repos nous vivions alors !

CŒLINE.

Dans quelle joie !

Mad. WARNING.

Jusqu'au jour où cette fatale épigramme de mon fils a tout détruit.

(*On entend derrière la scène des sons de flûte.*)

CŒLINE.

Ma mère, écoutez.

Mad. WARNING.

C'est Édouard.

CŒLINE.

Ne puis-je pas entrer ?

Mad. WARNING.

Non, non, ma fille.

CŒLINE.

Il y a dix ans que je ne l'ai vu. Ma chère maman, laissez-moi entrer.

SCÈNE VIII.

Les précédents, ÉDOUARD.

ÉDOUARD *à la porte.*

PHILIPPE?

ÉDOUARD.

Qui est donc encore ici?

2

ÉDOUARD.

J'entends une voix qui m'est connue. N'y a-t-il là personne pour me conduire?

CŒLINE *s'approche en tremblant.*

Me voilà !

ÉDOUARD.

Toi ! qui es-tu?

CŒLINE.

Tu ne me reconnois plus?

ÉDOUARD.

Dieu ! c'est ma Cœline !

CŒLINE, *lui sautant au cou.*

Mon bon, mon cher Édouard !

ÉDOUARD.

C'est à présent que je suis fâché d'être aveugle.

CŒLINE.

M'aimes-tu toujours?

ÉDOUARD.

Tu vois bien que je vis encore.

CŒLINE.

Oh! comme j'ai pensé à toi !

ÉDOUARD.

Et moi! quand ils me laissent seul, quand je demande inutilement s'il fait jour ou s'il fait nuit; ah! c'est alors que je t'appelle. Voilà douze ans que je suis privé de la vue, mais je crois te voir encore.

CŒLINE.

Mon ami !

ÉDOUARD.

Qui est donc encore ici?

CŒLINE.

Ma mère.

ÉDOUARD.

Ta mère! où est-elle? Oh! vîte, conduis-moi à elle.

(*Cœline le conduit.*)

Mad. WARNING, *essuyant une larme.*

Ici, mon cher Édouard!

ÉDOUARD.

Oh! oui, c'est elle : je reconnois cette voix que j'avois tant de plaisir à entendre! Votre main! votre main! (*Édouard lui baise la main, et la met sur son cœur.*) Quel heureux jour! ma vie est si triste, si uniforme!

CŒLINE.

Personne ne vient donc te voir?

ÉDOUARD.

Quelquefois le capitaine Klinker vient me distraire. Il est si bon! il a une brusquerie si aimable! mais cela ne me console pas des lectures que tu me faisois, ma bonne Cœline! Cœline, donne - moi aussi ta main! Oh! quel beau jour! ne vous en allez pas, ne me quittez plus.

Mad. WARNING.

N'as-tu plus Caroline?

ÉDOUARD.

On ne lui permet que rarement de me conduire. Maman ne veut pas. Le soir elle se glisse tout doucement dans ma chambre.

CŒLINE.

Pauvre Édouard !

ÉDOUARD.

Je pourrois me passer de voir, mais je ne puis me passer d'aimer.

SCÈNE IX.

Les précédents, LE CAPITAINE KLINKER.

(Au moment où Mad. Warning et Cœline voyent entrer le Capitaine, elles s'éloignent d'Édouard.)

KLINKER *ou* LE CAPITAINE.

TU as raison, mon enfant, l'amour est l'ame de la nature : sans lui le monde seroit bientôt fini. Votre serviteur, Mesdames. Mais savez-vous bien que l'antichambre d'un Directeur de chancellerie n'est pas un lieu très convenable pour entendre des déclarations d'amour ?

Mad. WARNING.

Monsieur !

ÉDOUARD.

Soyez le bien venu, M. le Capitaine.

KLINKER.

Tiens, petit amour aveugle, voilà ma main : comment te portes-tu ?

ÉDOUARD.

Oh ! fort bien, aujourd'hui.

KLINKER.

Voilà l'effet de la beauté. Elle est comme le soleil : un aveugle même en ressent l'approche.

Mad. WARNING.

M. le Capitaine, je ne sais....

KLINKER.

Eh bien! Madame, je sais bien, moi, que mon ton vous paroît un peu singulier, n'est-ce pas?

Mad. WARNING.

J'avoue.....

KLINKER.

Et moi j'avoue que je suis un original; mais toute la ville s'est accoutumée à mes manières, et j'espère que vous êtes aussi de la ville; car sans cela je la quitterois demain.

Mad. WARNING.

C'est la première fois que j'ai l'honneur de vous voir.

KLINKER.

Tant pis; et je veux vous voir à présent tous les jours pour réparer le tems perdu.

Mad. WARNING.

Voilà un singulier homme!

ÉDOUARD.

Le Capitaine est un bien bon homme! il est gai: il rit souvent, mais il n'offense jamais.

(*Mad. Warning soupire.*)

KLINKER.

Petit aveugle, je te prendrai pour faire mon oraison funèbre.

ÉDOUARD.

Il m'a souvent donné des consolations sur mon état: il a été une fois jusqu'à me prouver que c'étoit un bonheur d'être aveugle.

KLINKER.

Sans doute.

CŒLINE.

Un bonheur d'être aveugle!

KLINKER.

Oui, je me fais fort de le prouver, ma chère enfant, mais pourvu que ce ne soit pas en votre présence; car deux yeux bien ouverts ne sont pas encore assez pour vous voir.

MAD. WARNING.

Vous vous en tirez par une galanterie, M. le Capitaine.

KLINKER.

Non, vraiment. Si vous me mettiez au défi..... Par exemple, est-ce un grand bonheur de voir les coquins qui fourmillent dans le monde?

MAD. WARNING.

Si on ne les voit pas, il faut du moins les entendre.

KLINKER.

Point du tout, car ils marchent ordinairement le plus doucement qu'ils peuvent. Mais pensez donc à ce que nous gagnerions, si tout l'univers étoit aveugle. D'abord plus de guerre. Chacun resteroit bien tranquille chez soi; car il y auroit trop de danger à courir le monde. On ne verroit plus d'époux infidèles, puisqu'ils n'auroient pas d'yeux pour des beautés étrangères. Nos dames ne se ruineroient plus en beaux équipages, puisqu'elles ne pourroient plus se faire voir dans les promenades publiques. Et puis, quel avantage pour les laides! L'esprit commenceroit à avoir plus de prix. Nos belles ne pourroient plus rire sans raison; car on ne leur pardonneroit pas en faveur de leurs belles dents. La justice, il est vrai, demeureroit aveugle, comme elle l'est déjà; mais l'amour! ô ma foi! l'amour y verroit bien plus clair. Bref! si je ne vous avois pas encore vues, et si je connoissois un pays où il n'y eût que des aveugles, je voudrois le devenir à l'instant, et je partirois dès ce soir.

ÉDOUARD.

Eh bien! n'est-ce pas qu'il a prouvé? n'a-t-il pas raison?

KLINKER.

Tu dis cela, parce que tu es aveugle; (*regardant Cœline*) et moi, à présent, je soutiens le contraire.

ÉDOUARD.

Ah! si je pouvois seulement voir ma Cœline!

KLINKER.

Qui est donc cette Cœline?

Mad. WARNING.

Sa compagne d'enfance. Édouard et ma fille ont été élevés ensemble.

KLINKER.

Je ne m'étonne plus s'il est si doux.

Mad. WARNING.

Nous avons habité autrefois cette maison.

KLINKER.

Et actuellement?

Mad. WARNING.

Nous sommes des étrangers, et nous y paroissons en suppliants.

KLINKER.

C'est dommage que vous n'ayez pas de suppliques a m'adresser.

SCÈNE X.

Les précédents, Mad. LOWE.

Mad. LOWE *surprise.*

Vous, ici, Madame, qu'y cherchez-vous?

Mad. WARNING.

Je desirerois parler à M. le Directeur.

mad. LOWE.

Comment! vous voilà, M. le Capitaine? Par quel hasard vous trouvez-vous dans la chambre des clients?

KLINKER.

Vous savez bien que je suis un peu peintre et un peu poète.

mad. LOWE.

Et les beaux-arts ont-ils leur siége dans les anti-chambres?

KLINKER.

Cela ne devroit pas être; mais c'est pourtant là qu'on les trouve la plupart du temps. Au reste, il ne s'agit pas de cela: un peintre, un poète ne doivent-ils pas étudier les passions, et travailler à en saisir les nuances? et quel lieu plus propre à cela que l'antichambre d'un grand? Je me mets dans un coin et j'observe. Craintes, espérances, attentes, chagrin, joie, je vois tout cela se peindre sur les visages.

mad. LOWE.

Voilà un singulier passe-temps! Et qu'y gagnez-vous, au bout du compte?

KLINKER.

La connoissance du cœur humain.

mad. LOWE.

J'en doute fort, car celui qui a quelque chose à demander s'applique à composer son visage.

KLINKER.

Oui, lorsqu'il entre chez le ministre, mais non lorsqu'il en sort. J'en suis venu au point, ma belle dame, que je me fais fort de lire sur le visage de chaque client s'il mérite le bien ou le mal qui lui est arrivé dans son audience; et au fond, je voudrois qu'il y eût dans

chaque antichambre un homme de ce genre. Par
exemple, supposons un moment que je fusse en cette
qualité dans celle de votre époux.

MAD. LOWE.

Eh bien, qu'y feriez-vous?

KLINKER.

Je commencerois par offrir des siéges à ces dames.

(il leur présente des siéges.)

MAD. LOWE, se retournant avec humeur.

Que faites-vous ici, Édouard?

ÉDOUARD.

Je suis venu appeler Philippe.

MAD. LOWE.

Et qui vous a conduit hors de votre chambre?

ÉDOUARD.

Personne.

MAD. LOWE.

Vous savez que je n'aime pas qu'on mette ses infir-
mités en spectacle.

ÉDOUARD.

Ah! maman, je suis si content! ma bonne Cœline
est ici.

MAD. LOWE.

Qu'est-ce que cela veut dire, Monsieur? Il y a long-
temps que vos relations avec elle doivent être oubliées.

ÉDOUARD.

Un aveugle n'oublie jamais.

MAD. LOWE, lançant un regard sur Cœline.

Quittez la main d'Édouard : ces familiarités là ne me
conviennent pas.

MAD. WARNING.

Cœline, éloigne-toi un peu.

SCÈNE XI.

Les précédents, M. LOWE.

M. LOWE, *avec son chapeau, sa canne et son épée,
et tenant une liasse de papiers sous son bras.*

MADAME, en vérité, je suis enchanté de vous voir.

Mad. LOWE, *le poussant.*

Enchanté ! êtes-vous fou ?

M. LOWE.

Paix donc, ma chère amie. Est-ce là mademoiselle
votre fille ? Comme elle a grandi ! Votre serviteur,
M. le Capitaine. Vous voudrez bien m'excuser ; des
affaires....

KLINKER.

Sans façon : si je ne gêne pas, je resterai ; si ces
dames veulent vous entretenir en particulier, je me
retire.

Mad. WARNING.

Restez, M. le Capitaine : je ne rougis pas de mon
infortune.

(*Klinker s'appuie contre la muraille, les bras
croisés, et observe.*)

M. LOWE.

Que puis-je pour votre service ?

Mad. WARNING.

M. le Directeur, je suis dans une position bien triste !

M. LOWE.

Cela me fait de la peine.

Mad. WARNING.

Et vous pourriez.....

M. LOWE.

De tout mon cœur, si c'est de mon département.

MAD. LOWE, *bas à son mari.*

Avez-vous oublié l'épigramme ?

MAD. WARNING.

Ma santé est affoiblie. Ma fille travaille nuit et jour, mais ses forces ne suffisent pas.

MAD. LOWE.

Et M. votre fils, ne vous envoie-t-il rien des pays étrangers ?

MAD. WARNING.

Il est bien dur pour le cœur d'une mère....

MAD. LOWE.

C'étoit un bel esprit, un génie : on a besoin de ces gens-là partout.

ÉDOUARD, *d'un air peiné.*

Je m'en vais.

MAD. WARNING.

La veuve Blandestein mourut hier, M. le Directeur ; sa mort a éteint une pension qu'on lui payoit sur la cassette du prince. Son Altesse daigna autrefois promettre qu'en circonstance pareille elle se souviendroit de moi.

MAD. LOWE.

Oui, mais c'étoit dans un temps....

M. LOWE.

Paix donc, ma chère amie : ceci est réellement de mon département.

MAD. WARNING.

M. le Directeur fut l'ami de mon époux.

M. LOWE.

Oui, sans doute.

Mad. WARNING.

Vous savez qu'il a servi avec honneur et fidélité ?

M. LOWE.

Oui, sans doute.

Mad. WARNING.

J'ose donc me flatter....

Mad. LOWE.

Madame paroît oublier que les torts de son fils ont surpassé de beaucoup le mérite de son époux.

Mad. WARNING.

J'avoue que mon fils a eu des torts. Est-ce à moi de les expier ; ou plutôt, ne les ai-je pas expiés cruellement ?

Mad. LOWE.

Les parents qui négligent l'éducation de leurs enfants...

ÉDOUARD.

De grace, que quelqu'un me reconduise !

Mad. WARNING.

Madame, c'est à l'ami de mon époux, c'est au fidèle serviteur du Prince, que j'ose m'adresser.

M. LOWE.

Oui, Madame ; certainement je ferai....

Mad. LOWE.

Vous ne ferez rien, j'espère.

M. LOWE.

Je ferai mon devoir.

Mad. LOWE, *bas, à son mari.*

Votre devoir est de venger l'honneur de votre femme.

M. LOWE, *indécis.*

Je ferai mon rapport au Prince : c'est de mon département.

MAD. WARNING.

Quand dois-je venir chercher la réponse ?

M. LOWE.

Il faut que j'aille à la Cour.... cet après-midi.

MAD. LOWE.

A quoi pensez-vous ? Nous avons compagnie.

M. LOWE.

Mais, ma chère amie, la compagnie n'est pas de mon
département, et il faut bien que cette bonne dame ait sa
réponse. A cet après-midi, Madame. (*il sort.*)

MAD. LOWE, *à part.*

Il faut que je le suive. (*haut.*) Votre servante. Madame, ne m'oubliez pas si vous écrivez à M. Warning
votre fils. (*elle sort.*)

SCÈNE XII.

Mad. WARNING, CŒLINE, LE CAPITAINE,
ÉDOUARD.

Mad. WARNING.

QUELLE patience !

LE CAPITAINE.

Est-ce que votre fils se nomme Warning ?

ÉDOUARD.

Personne ne veut donc me reconduire ?

LE CAPITAINE.

Répondez donc, Madame ?

Mad. WARNING.

Oui, Monsieur : Warning est le nom de cet infortuné jeune homme qui, par une saillie déplacée, a causé son malheur et celui de toute sa famille.

LE CAPITAINE.

Ce ne seroit point, par hasard, Auguste Warning ?

Mad. WARNING, *avec surprise.*

Vous le connoissez ?

LE CAPITAINE.

Si je le connois ! Ah ! par ma foi, sans lui il y a long-temps que j'aurois bu de l'eau du Styx.

Mad. WARNING.

Comment donc cela, Monsieur ?

LE CAPITAINE.

J'étois à Venise, condamné par tous les médecins, et votre fils me guérit.

Mad. WARNING.

Vous guérit ! Monsieur, c'est impossible ! Et comment ?

LE CAPITAINE.

Je n'en sais rien, ma foi : c'est que votre fils est un très habile médecin.

Mad. WARNING.

Médecin ! vous vous trompez : il ne sait pas un mot de médecine.

LE CAPITAINE.

C'est peut-être pour cela qu'il m'a guéri.

Mad. WARNING.

Dieu ! mon cœur s'ouvroit déjà à la consolation !

LE CAPITAINE.

Au reste, si ce n'est pas lui, c'est quelqu'un de ses parents, et tous les Warning du monde ont droit à ma reconnoissance.

ÉDOUARD.

Es-tu encore là, Cœline?

CŒLINE.

Oui.

LE CAPITAINE.

En conséquence, Madame, si je puis vous être bon à quelque chose, je suis le capitaine Klinker : informez-vous de lui. Personne ne vous en dira du mal. C'est beaucoup ; car pour le bien, on ne le répète jamais.

ÉDOUARD, *bas.*

Ma mère est-elle sortie ?

SCÈNE XIII.

Les précédents, CAROLINE.

CAROLINE, *qui a déjà regardé plusieurs fois à la porte, pendant que sa belle-mère étoit là, sort en courant de la chambre de son père, et embrassant Cœline, lui met une petite bourse dans la main.*

C'EST pour toi que j'ai ménagé cela.

(*Elle va ensuite à Madame Warning, lui baise tendrement la main, et disparoît.*)

CŒLINE.

Qu'est-ce que c'est, maman ? dois-je garder cela ?

Mad. WARNING.

Pourquoi pas? c'est de bon cœur qu'elle l'a donné.

LE CAPITAINE.

Pardonnez, Madame ! (*il conduit Cœline sur l'avant-scène.*) Mademoiselle! c'est une brave fille que Caroline ! permettez : (*il prend la bourse des mains de Cœline, et l'examine.*) Pauvre enfant ! que de temps il t'a fallu pour amasser cela !

(*Il cache la bourse et y substitue la sienne.*)

Tenez.

CŒLINE *qui s'aperçoit du tour.*

Mais, Monsieur, ce n'est pas la même bourse.

LE CAPITAINÉ *en confidence.*

Taisez-vous donc. De grace, taisez-vous !

ÉDOUARD.

Venez ici, mon cher Capitaine !

LE CAPITAINE.

Que veux-tu ?

ÉDOUARD.

Vous embrasser.

SCÈNE XIV.

Les précédents, Mad. LOWE.

Mad. LOWE.

COMMENT ! toujours ici? y a-t-il encore quelque chose pour votre service, Madame ?

Mad. WARNING.

J'entends. Viens, ma fille. (*elles s'en vont en faisant une révérence à mad. Lowe, qui la leur rend d'un air dédaigneux.*) (*à Klinker*) Monsieur le Capitaine, il est des hommes que l'on n'oublie jamais !

LE CAPITAINE *les salue négligemment, comme si ces paroles ne s'adressoient pas à lui.*

C'est bon ! c'est bon !

CŒLINE *le salue avec un air reconnoissant.*

C'est au nom de ma mère. (*elle presse la main d'Édouard, en lui disant à demi-voix :*) ne m'oublie pas.

ÉDOUARD.

Tu t'en vas ?

SCÈNE XV.

Mad. LOWE, LE CAPITAINE.

Mad. LOWE.

QUE signifie cela, monsieur le Capitaine ?

LE CAPITAINE.

Ce que cela signifie ? comme si ce que disent les dames devoit toujours signifier quelque chose ! A propos ! j'allois oublier ! le Baron de Verner veut essayer aujourd'hui deux chevaux de cabriolet. Comme il sait que je mène bien, il m'a prié de passer chez lui. Adieu, Madame, excusez-moi si je vous quitte si brusquement.

(*à Édouard à demi-voix*) Petit aveugle ! il est bon aussi quelquefois d'être muet. (*il sort.*)

SCÈNE XVI.

Mad. LOWE, ÉDOUARD.

Mad. LOWE.

Que s'est-il donc passé ?

ÉDOUARD.

Rien.

Mad. LOWE.

As-tu des secrets pour ta mère ?

ÉDOUARD.

Un aveugle a-t-il des secrets ?

Mad. LOWE.

Tu peux, du moins, entendre.

ÉDOUARD.

Je n'ai que trop entendu comment vous avez rudoyé Cœline et sa mère !

Mad. LOWE.

Rudoyé ! fi donc ! as-tu oublié l'insulte que son fils a faite à ta mère ?

ÉDOUARD.

Faut-il punir la sœur pour la faute du frère ? ô maman ! comme vous pourriez soulager mes douleurs, en me donnant pour guide. . . .

Mad. LOWE.

Tais-toi : tu ne sais pas quel bonheur t'attend.

ÉDOUARD.

Moi ?

Mad. LOWE.

Peut-être que bientôt tu n'auras plus besoin de guide.

ÉDOUARD.

Est-ce que je vais mourir ?

Mad. LOWE.

Nous attendons aujourd'hui la visite d'un célèbre médecin.

ÉDOUARD.

Peut-il me guérir ?

Mad. LOWE.

Nous l'espérons, mon fils.

ÉDOUARD.

Oh ! je verrai donc Coeline ?

Mad. LOWE.

N'en parle plus.

ÉDOUARD, *tandis que sa mère l'emmène.*

Ah ! si je ne puis voir Coeline, qu'on me laisse dans l'état où je suis !

FIN DU PREMIER ACTE.

ACTE SECOND.

(Le Théâtre représente un lieu solitaire, au fond on voit une haie dans laquelle il y a une porte menant à un jardin : sur les côtés un puits, quelques arbres et un banc de gazon.)

SCÈNE PREMIÈRE.

LE CAPITAINE KLINKER *seul.*

C'EST singulier ! il est des êtres pour lesquels on s'affectionne au premier abord. (*il regarde autour de lui.*) Mais me voici arrivé, je ne sais trop comment, dans un lieu assez écarté ! allons : assieds-toi, mon cher Capitaine ? tu veux te marier ! voilà donc le fruit de ton expérience ! encore si tu étois amoureux comme un jeune homme de vingt ans ! mais te voilà flottant entre deux jeunes personnes ! Caroline, d'un côté ! Cœline, de l'autre ! ton choix n'est pas encore fait.... c'est très raisonnable ! il n'y a rien à dire à cela ; rien du tout. Mais, mon Dieu ! j'ai été si long-temps sage : et à présent, je veux faire dire que je ne suis plus qu'un fou.... ma foi ! n'importe ! je veux me marier ; je prétens me marier. Il n'y a plus qu'une petite difficulté. C'est de savoir si l'on voudroit de moi.

SCÈNE II.

LE CAPITAINE, HYPPERPLAM.

HYPPERPLAM.

SERVITEUR, M. le Capitaine. Que faites - vous ainsi à l'écart ? quelque aventure galante ! hen !

LE CAPITAINE.

Le beau temps m'a. . . .

HYPPERPLAM.

C'est à un nigaud qu'on fait ces contes là.

LE CAPITAINE.

C'est bien ce que je fais.

HYPPERPLAM.

Ça m'est aussi arrivé quelquefois. (*il s'essuye le visage.*)

LE CAPITAINE.

Ça vous a-t-il toujours autant fatigué qu'aujourd'hui ?

HYPPERPLAM.

Aujourd'hui ! ah ! par ma foi, c'est une journée bien chaude ! il faut que j'aille chez mon oncle.

LE CAPITAINE.

Aura-t-il des huîtres fraîches ?

HYPPERPLAM.

A propos : n'avez-vous rien entendu dire des secrets de l'État ?

LE CAPITAINE.

Mais je crois que ce n'est ni à vous ni à moi qu'on les communique.

HYPPERPLAM.

A moi, si fait ! le Prince a de grandes améliorations en vue.

LE CAPITAINE.

Est-ce qu'il veut vous donner votre congé ?

HYPPERPLAM,

Toujours badin ! Le Prince a donné ordre à tous les
Conseillers de la chambre , de lui communiquer leurs
idées.

LE CAPITAINE,

Ce ne sera pas long.

HYPPERPLAM.

De lui communiquer leurs idées sur le commerce , et
les relations extérieures du pays : et j'ai écrit....

LE CAPITAINE.

Un traité sur la cuisine.

HYPPERPLAM.

Sérieusement : vous n'auriez pas cru cela de moi ?

LE CAPITAINE.

Ma foi, non.

HYPPERPLAM, *tirant un gros cahier de sa poche.*

Vous n'imaginiez pas que le gros Hypperplam pût
écrire tant de pages ?

LE CAPITAINE.

Pourquoi pas ? sous la dictée.

HYPPERPLAM.

Ce n'est pas ça. J'ai fait ce mémoire à moi tout
seul. Aussi j'ai furieusement bu en le composant.

LE CAPITAINE.

Il doit être écrit avec feu !

HYPPERPLAM.

. Avec feu ? Oh ! le Prince va être bien surpris !
C'est cet après-midi que ce mémoire doit lui être remis.

Je vais, de ce pas, chez mon oncle. C'est un vieux pra-
ticien. Il n'y a pas de mal qu'il soit par lui revu.....

LE CAPITAINE.

Et corrigé.

HYPPERPLAM.

Allons : tenez, lisez : nous sommes bons amis.

LE CAPITAINE.

Je ne saurois lire aujourd'hui; il fait trop chaud. Je
m'endormirois tout de suite.

HYPPERPLAM.

Et voilà comme je suis aussi, moi, toutes les fois que
je relis ce que j'ai fait. Mais lisez seulement les deux
premières pages; les pensées principales.

LE CAPITAINE.

Est-ce qu'il y a aussi des pensées dans votre mémoire?

HYPPERPLAM.

Sans doute ; et de lumineuses! par exemple, le cin-
quième paragraphe, où je prends la défense des mono-
poles. (*le Capitaine lit quelques lignes, et Hypperplam
l'observe avec attention.*) Eh bien!

LE CAPITAINE *rit aux éclats.*

Ah! ah! ah!

HYPPERPLAM.

Eh bien! n'est-il pas vrai! Vous riez! Hen! eh bien!
que dites-vous?

LE CAPITAINE.

Que votre vin ne valoit pas le diable.

HYPPERPLAM.

Mon vin ! il est excellent ! eh bien ! que conseillez-
vous au Conseiller?

LE CAPITAINE.

En ami, je vous conseille de brûler votre mémoire.

HYPPERPLAM.

Que dites-vous donc ? il me fera le plus grand honneur auprès du Prince et de ma future.

LE CAPITAINE.

Comment ! vous allez vous marier ?

HYPPERPLAM.

J'épouse Caroline Lowe.

LE CAPITAINE.

Vous ne l'épouserez pas.

HYPPERPLAM.

Et pourquoi ?

LE CAPITAINE.

C'est que je l'épouse moi-même.

HYPPERPLAM.

Oui, da ! ma foi, vous venez un peu tard : on fait ce soir les fiançailles.

LE CAPITAINE.

Ce soir ?

HYPPERPLAM.

Les liqueurs des isles sont arrivées.

LE CAPITAINE.

Ce soir !

HYPPERPLAM.

Et le pâté de Périgueux aussi.

LE CAPITAINE.

Il n'en sera, parbleu, rien. Une fille comme elle !

HYPPERPLAM.

Et un conseiller de la chambre comme moi, donc !

Ah ! mon mémoire ne vaut rien ! Je ne m'étonne plus ! Un rival ! c'est tout simple. Je ne vous en veux pas ; je ne vous en veux pas.

LE CAPITAINE.

Et moi, je vous en veux beaucoup.

HYPPERPLAM.

Ah ! mon mémoire ne vaut rien ! Il faut que j'aille chez mon vieux oncle. Comme il sera content de me revoir ! Capitaine, sans rancune. Ah ! mon mémoire ne vaut rien ! (*il sort.*)

SCÈNE III.

KLINKER *seul.*

SEROIT-IL donc possible que cet imbécille !..., ou bien a-t-on voulu rire à ses dépens ? Non, non, c'est un projet digne d'une belle-mère !

(*Il reste plongé dans ses réflexions.*)

SCÈNE IV.

LE DOCTEUR BLUM, KLINKER.

BLUM *dans le fond.*

DEPUIS mon retour en ces lieux, un pouvoir irré-sistible me ramène sans cesse vers ce tilleul, ce compagnon de mon enfance ! ce tilleul qui me prêtoit son ombrage, lorsque je composois ces fatales épigrammes !

LE CAPITAINE KLINKER, *observant attentivement l'étranger.*

Il me semble que je connois cet homme !

BLUM.

C'est à cette place que, dans les jours de mon infortune, je plantai un saule pleureur : il a péri, et les larmes de ma mère coulent encore.

LE CAPITAINE.

Ma foi, c'est lui ! Mon cher Docteur !

BLUM.

Monsieur !

LE CAPITAINE.

Ah ! c'est tout simple : j'étois à Venise, malade à mourir ; vous m'avez sauvé la vie : vous ne voudrez pas me reconnoître. Voilà comme vous êtes, vous !

BLUM.

Je suis surpris de vous trouver ici.

LE CAPITAINE.

Lorsque je quittai mon cher Warning.

BLUM.

En grace, ne me donnez pas ce nom.

LE CAPITAINE.

Et pourquoi ?

BLUM.

Ici je me nomme Blum.

LE CAPITAINE.

Blum ! et pourquoi donc cachez-vous votre nom ? il me semble que la moitié des talents que vous possédez, suffiroit pour rendre célèbre le nom d'un honnête homme.

BLUM.

Tant que je m'appelle Blum, je puis faire quelque bien. Le nom de Warning me rendroit odieux à mes compatriotes.

LE CAPITAINE.

Je n'y comprends rien.

BLUM.

C'est dans cette ville que je suis né.

LE CAPITAINE.

Je lui en fais mon compliment.

BLUM.

C'est ici que la meilleure et la plus malheureuse des mères, se priva de toutes les jouissances de la vie pour me procurer quelque éducation.

LE CAPITAINE.

Elle a, arbleu, bien réussi !

BLUM.

J'appris beaucoup, sans doute. Ma mère m'envoya à l'Université achever mes études ; mais je revins dans ma patrie possédé du malheureux démon de la satire.

LE CAPITAINE.

Et les sujets ne vous manquoient pas ?

BLUM.

Hélas !

LE CAPITAINE.

Et vous vous fîtes des ennemis ?

BLUM.

Sans nombre ! Ah ! si jamais le ciel m'accorde un fils, je veux qu'à son berceau, on lui répète tous les jours de laisser les sots en paix.

LE CAPITAINE.

C'est cela : il ne faut pas se battre seul contre une armée.

BLUM.

Mes saillies m'ont perdu. Privé de tout espoir d'avancement, je quittai ma patrie avec le cruel remords d'avoir causé le malheur d'une mère, d'une sœur et d'une maîtresse chéries.

LE CAPITAINE.

Je ne m'étonne plus si vous étiez si triste dans ce beau climat d'Italie.

BLUM.

J'errai long-temps dans le plus affreux dénuement. Enfin, la fortune me sourit un instant ; je fus chargé de conduire un jeune Comte à l'Académie, et de l'accompagner dans ses voyages : c'est là que j'eus l'occasion d'acquérir quelques connoissances, et j'en profitai.

LE CAPITAINE.

Et la preuve, c'est que je suis ici.

BLUM.

Mon but étoit d'acquérir assez de talents pour forcer un jour mon pays à oublier les écarts de ma jeunesse.

LE CAPITAINE.

Mon ami, tous les excès peuvent s'oublier ; mais une épigramme, une satire ; jamais.

BLUM.

J'en ai fait la fatale expérience. J'arrive ici sous un nom emprunté. Ce déguisement, dix ans d'absence, des maux sans nombre, tout me rend méconnoissable. Je cherche toutes les occasions d'être utile, et j'épie tout ce que l'on dit sur le malheureux Warning. Hélas ! son nom est toujours odieux ! et l'on s'écrie de toute part : c'est un méchant ! c'est un mauvais cœur !

LE CAPITAINE.

Phrase banale !

BLUM.

Me voilà au milieu de mes compatriotes ; près de ce que j'ai de plus précieux au monde , sans pouvoir embrasser ces objets chéris.

LE CAPITAINE.

Et pourquoi cela, par exemple ?

BLUM.

Irai-je me présenter aux yeux de ma mère sans pouvoir la dédommager de tout ce que je lui ai fait souffrir? Irai-je tromper celle qui m'aimoit ; la flatter par des espérances éloignées , et peut-être, hélas ! mensongères ? non : ma résolution est inébranlable. Blum ne redeviendra Warning que lorsque, à force de mérite , il aura reconquis l'amour et l'estime de ses concitoyens.

LE CAPITAINE.

Mais n'est-ce pas déja fait ? la ville retentit du bruit de vos talents.

BLUM.

Eh ! comment suis-je parvenu à me faire un nom? j'ai guéri beaucoup de pauvres ; et personne n'a parlé de moi. Enfin le hasard me conduit chez une petite maîtresse à vapeurs : elle se croyoit morte : elle n'avoit qu'une migraine : je l'ai guérie, et je vois la foule affluer chez moi.

LE CAPITAINE.

Mon ami , mon ami ! vous n'avez pas tout-à-fait perdu le goût de la satire.

BLUM.

Mais ma principale espérance est dans un mémoire auquel je travaille depuis plusieurs années.

LE CAPITAINE.

Un mémoire ! on ne le lira pas.

BLUM.

Peu m'importe, pourvu que le Prince le lise : lui seul pourroit l'apprécier.

LE CAPITAINE.

Ainsi c'est un ouvrage politique ?

BLUM.

C'est sur le commerce du pays.

LE CAPITAINE.

Vaste champ !

BLUM.

Mes voyages m'ont mis à même de proposer des vues utiles.

LE CAPITAINE.

C'est excellent ! et cela arrive fort à propos.

SCÈNE V.

Les précédents, HYPPERPLAM.

HYPPERPLAM.

Ah ! mon ami ! mon cher ami ! que je suis heureux que vous soyez encore ici !

LE CAPITAINE.

Qu'y a-t-il donc ? vous paroissez tout consterné !

HYPPERPLAM.

Comment ne le serois-je pas ? il y a de quoi dépérir sur le champ ; de quoi perdre entièrement.... l'appétit.

LE CAPITAINE.

Il faut qu'il vous soit arrivé un malheur épouvantable !

HYPPERPLAM.

J'arrive chez mon oncle. Il me fait déjeûner ; je commence à manger.

LE CAPITAINE.

Voilà un commencement qui n'est pas fort triste !

HYPPERPLAM.

Écoutez la fin du récit. Je tire mon mémoire de ma poche. Je demande à mon oncle son avis. Ah Dieu ! comme je hais tous les avis ! mais enfin, il faut bien, quand on est une fois conseiller de justice....

LE CAPITAINE.

Sans doute.

HYPPERPLAM.

Il lit ; pendant ce temps là moi je mange un morceau, sans la moindre inquiétude. Eh bien ! que fait-il ? il efface du titre le mot *mémoire*, et il écrit à la place, *sottises*.

LE CAPITAINE.

C'est fort !

HYPPERPLAM.

J'ai cru que j'en aurois une indigestion. Mon neveu, m'a-t-il dit, cela n'a pas le sens commun : vous êtes un imbécille. Hen ! mon ami ! comment trouvez-vous cela ? je suis pourtant conseiller de justice. C'est bien dur !

LE CAPITAINE.

Il faut cependant le digérer.

HYPPERPLAM.

Oh ! pour cela, je n'en crains pas un autre. Mais mon mémoire ! si ce ne sont réellement que des sottises, et que le Prince me donne mon congé ?

LE CAPITAINE.

N'avez-vous pas de quoi vivre ?

HYPPERPLAM.

Sans doute, mon ami. Mais l'honneur. Savez-vous
que je suis jaloux de mon honneur ! que je tiens....

LE CAPITAINE.

Tenez bonne table et....

HYPPERPLAM.

Je ne demande pas mieux... pourtant !... mon cher
ami, vous qui êtes un homme instruit (car la dernière
sauce que vous m'avez apprise, il y a quelques jours,
est vraiment excellente.) Est-ce que vous ne sauriez pas
aussi arranger une manière de mémoire ?... hen? hen ?

LE CAPITAINE.

Non, en vérité.

HYPPERPLAM.

Écoutez-moi. J'ai de vieux vin de Bourgogne, du
vin qui a plus de soixante ans.

LE CAPITAINE.

Après ?

HYPPERPLAM.

J'en ai un tonneau, je vais le faire tirer, et nous
partagerons.

LE CAPITAINE.

C'est engageant, ma foi !

HYPPERPLAM.

Touchez-là ; ça va !

LE CAPITAINE.

Mais je n'ai pas les connoissances qu'il faut pour cela.

HYPPERPLAM.

Mais, mon Dieu ! comment voulez-vous que je fasse ?
je suis riche, je peux avoir tout ce que je veux pour
mon argent ; des titres, des oraisons funèbres, des

panégyriques! il n'y a qu'un maudit mémoire que je ne puis pas acheter!

LE CAPITAINE.

Attendez : je veux vous montrer un savant qui entend tout cela à merveille!

HYPPERPLAM.

Vîte donc! où est-il?

LE CAPITAINE.

Voyez-vous cet homme qui regarde par dessus la haie du jardin?

HYPPERPLAM.

Je le vois.

LE CAPITAINE.

Adressez-vous à lui.

HYPPERPLAM.

Comment se nomme-t-il?

LE CAPITAINE.

Blum!

HYPPERPLAM.

Professeur!

LE CAPITAINE.

Non ; il n'a pas de titres.

HYPPERPLAM.

Comment! M. Blum tout court? Je suis pourtant conseiller : je devrois m'y entendre mieux que lui. Hen?

LE CAPITAINE.

Oui, si vous vouliez perdre votre temps à apprendre ces bagatelles-là.

HYPPERPLAM.

Allons, je veux parler à M. Blum. Mon dieu! j'ai déjà tant parlé aujourd'hui! (*il va trouver Blum.*)

4

LE CAPITAINE.

Je vais vous faire place. M. Blum, je vous recommande un de mes amis, M. le conseiller de justice Hypperplam. Il a une prière à vous faire.

BLUM.

Que puis-je pour le service de Monsieur ?

LE CAPITAINE.

Il va vous le dire. Je vous laisse. (*il sort.*)

SCÈNE VI.

HYPPERPLAM, BLUM.

HYPPERPLAM.

Oui, M. Blum, je suis enchanté de faire connoissance avec vous. Vous dînerez chez moi, et vous verrez quelle chère je fais !

BLUM.

Si je ne puis vous être bon qu'à cela, je vous prie de m'excuser : je ne suis pas grand mangeur.

HYPPERPLAM, *à part.*

C'est pour cela qu'il est si maigre ! (*haut.*) Voici le fait : J'ai besoin d'une espèce de mémoire, et le Capitaine m'a assuré que je ne pouvois mieux m'adresser qu'à vous.

BLUM.

Oserai-je vous prier de vous expliquer plus clairement ?

HYPPERPLAM.

Voici ce que c'est. Le prince a ordonné...... Mais, tenez, lisez plutôt ce papier là, vous m'épargnerez bien des paroles.

BLUM *parcourt le mémoire; on voit son visage*
s'animer. Il dit à part:

Tu avois raison , Klinker. Cela vient à propos.

HYPPERPLAM.

Vous voyez que le Prince parle de différents abus. Ce
sont des méchants qui lui ont mis cela dans la tête. Je
suis conseiller de la chambre où j'ai une place d'honneur, et je n'ai pas remarqué un seul abus.

BLUM.

Le desir du Prince est celui d'un souverain sage et
éclairé.

HYPPERPLAM.

Tout cela est bel et bon! Mais moi, comment est-ce
que je ferai ?

BLUM.

Vous avez sans doute rédigé votre mémoire ?

HYPPERPLAM.

Monsieur, oui. Mais on prétend qu'il ne vaut rien.

BLUM.

Eh bien! faites-en un autre.

HYPPERPLAM.

Ne pourriez-vous pas m'écrire quelques pages ? je
vous payerai bien, s'entend.

BLUM.

Moi! M. le Conseiller.

HYPPERPLAM.

Oui, oui, vous. Mais il faut que cela demeure entre
nous. Entendez-vous ?

BLUM.

La confiance que vous accordez à un inconnu est on
ne peut pas plus flatteuse.

HYPPERPLAM.

Oh ! je vous connois. Vous êtes M. Blum ; un savant !
vous savez écrire. Tout cela peut s'arranger.

BLUM.

Le Capitaine a probablement voulu vous faire une
plaisanterie.

HYPPERPLAM.

Une plaisanterie ! Ce n'est, ma foi, pas une plaisanterie. Je suis très pressé : allons, décidez-vous. Quel
prix voulez-vous ? déterminez vous-même.

BLUM.

Aucun prix.

HYPPERPLAM.

Mais, mon Dieu ! qu'est-ce que je vais faire, dites-
moi donc ?

BLUM.

Je n'en sais rien.

HYPPERPLAM.

Encore, si j'avois du temps ! mais voilà midi tout à
l'heure. Il faut que je me mette à table, que je dorme,
que je digère ; et puis mes fiançailles par là-dessus. C'est
ce soir mes fiançailles, et le souper n'est pas encore
arrangé !

BLUM.

Pauvre malheureux !

HYPPERPLAM.

Pauvre ! non. Mais malheureux ! ma foi ! oui, dans
ce moment-ci. Et si j'allois tomber dans la disgrace
du Prince ! Ma future belle-mère est très haute ! vous la
connoîtrez.

BLUM.

Non pas, probablement.

HYPPERPLAM.

C'est une maison très considérable. Le directeur de chancellerie Lowe !

BLUM, *saisi d'effroi.*

Comment ! que dites-vous ? mademoiselle Lowe est votre future ?

HYPPERPLAM.

Ma future.

BLUM.

Caroline Lowe ?

HYPPERPLAM, *avec un peu de morgue.*

Mademoiselle Caroline Lowe !

BLUM.

Vous en êtes aimé ?

HYPPERPLAM.

J'espère.

BLUM.

Et c'est ce soir les fiançailles ?

HYPPERPLAM.

Ce soir.

BLUM, *à part.*

Oh ! Dieu !

HYPPERPLAM.

Mais ce malheureux mémoire vient gâter toute ma joie.

BLUM, *après avoir rêvé.*

Il paroît vous tenir fortement au cœur !

HYPPERPLAM.

Parbleu ! je le crois bien ! l'honneur ! vous ne pouvez pas bien juger de cela, vous qui êtes M. Blum tout court; mais moi !

BLUM.

Eh bien! si dans deux heures je vous livrois un mémoire?

HYPPERPLAM.

Ah! mon ami! mon cher ami! vous me ravissez!

BLUM.

Mais je vous préviens que j'en demanderai....

HYPPERPLAM.

Demandez : demandez tout ce que vous voudrez. On est riche, on paye : cela est juste.

BLUM.

Ce n'est pas d'argent qu'il s'agit ici.

HYPPERPÉAM.

De quoi donc? Voulez-vous du meilleur vin de ma cave?

BLUM.

Non plus : c'est un plus grand sacrifice! Il faut que vous renonciez à la main de mademoiselle Lowe.

HYPPERPLAM.

Comment!

BLUM,

Ce n'est qu'à cette condition que je travaillerai pour vous.

HYPPERPLAM.

Mais, mon Dieu! qu'y a-t-il donc de commun entre mon mariage et le commerce du pays?

BLUM.

Peu m'importe! si cela ne vous convient pas, attendez que le Prince vous réforme.

HYPPERPLAM.

Comment?

BLUM.

Devriez-vous hésiter ? Un homme comme vous trouvera partout de bons partis.

HYPPERPLAM.

Oh ! surement.

BLUM.

Bref, monsieur le Conseiller de justice, je vous livrerai mon mémoire, et vous renoncerez à votre prétendue.

HYPPERPLAM.

Oui ; mais, mon cher ami, si votre mémoire ne vaut rien. Hen ? hen ?

BLUM.

Alors, vous n'êtes engagé à rien.

HYPPERPLAM.

Oh ! si c'est comme ça !

BLUM.

Allons, touchez-là.

HYPPERPLAM.

Tôpe ! (*ils se donnent la main.*) Mais dites-moi donc ? quelle raison avez-vous pour que je n'épouse pas mademoiselle Lowe ? car enfin, je suis conseiller de justice, et je dois savoir pourquoi je fais une chose.

BLUM.

Tenez, j'ai maintenant la tête si remplie de votre mémoire, qu'il m'est impossible de vous répondre.

HYPPERPLAM.

Allons, allons : mais il faut que cela soit prêt au coup de trois heures, ou à quatre heures les fiançailles.

(*il sort.*)

SCÈNE VII.

BLUM, seul.

QU'AI-JE fait ? c'est le fruit de plusieurs années du travail le plus assidu que j'ai perdu en un instant! J'ai perdu avec lui l'espoir de mon avancement; et avec cet espoir, celui de la subsistance de ma mère ! C'est à Caroline que j'ai fait ce sacrifice. Eh ! qui sait si elle ne s'est pas laissé éblouir par le rang et la fortune? Non, je ne puis le croire. Mais ma mère! ma pauvre mère! Ah ! je suis bien malheureux (*il fond en larmes.*) Que vois-je ? ma sœur ! elle vient peut-être chercher de l'eau à ce puits. Dieu ! si près d'elle, ne puis-je lui parler ? me reconnoîtra-t-elle ?

SCÈNE VIII.

BLUM, CŒLINE.

(*Cœline court vers le puits, sans appercevoir Blum. Elle descend le seau et puise. Lorsqu'elle veut le retirer, elle se sent fatiguée, et se repose.*)

BLUM *accourt, et lui dit d'une voix tremblante.*

Me permettez-vous de vous aider, Mademoiselle ?

CŒLINE.

Je vous remercie, Monsieur : avec un peu de patience on supplée à la force.

BLUM.

Souffrez que je vous aide.

CŒLINE.

Si c'est de bon cœur ?

BLUM.

Oh! oui : de bon cœur! (*il retire le seau plein.*)

CŒLINE *lui présentant l'arrosoir, dans lequel il verse.*

Mais vous tremblez, Monsieur! je crois que vous n'êtes pas accoutumé à l'ouvrage.

BLUM.

Oserai-je vous prier, Mademoiselle, de me dire si ce n'est pas ici près que demeure une madame Warning?

CŒLINE.

C'est ici même, et je suis sa fille.

BLUM.

Vous êtes sa fille! quelle joie pour moi de voir la sœur de mon ami !

CŒLINE.

Quoi! Monsieur! vous seriez l'ami de mon frère!

BLUM.

Nous avons voyagé ensemble en Italie.

CŒLINE *court à la porte du jardin.*

Ma mère! ma mère! vîte! (*elle revient.*) Oh! Monsieur, vous êtes pour nous un messager du ciel! Ma mère! ma mère! voilà un étranger qui est l'ami d'Auguste!

(*elle laisse son arrosoir et court au jardin.*)

BLUM, *seul.*

Dieu! qu'ai-je fait? je n'avois pas prévu.... ma mère va venir. Comment pourrai-je supporter ses regards? Fuirai-je? Dieu! fuir devant ma mère! Malheureux fils! Non : je la verrai. Je lui déroberai sa bénédiction. Ne nous trahissons pas.

SCÈNE IX.

BLUM, Mad. WARNING, CŒLINE.

Mad. WARNING, *accourant.*

Où est-il ?

CŒLINE.

Ici.

Mad. WARNING.

Seroit-il vrai? Monsieur, ma fille m'a dit..... Ah!
je ne puis parler.

BLUM.

Elle m'aime encore.

Mad. WARNING.

Vous l'avez vu! il existe! Où est-il ?

BLUM.

Il étoit, il y a très peu de temps, à Venise.

Mad. WARNING.

Pense-t-il à moi?

CŒLINE.

Et à moi?

BLUM.

Il ne respire que pour vous.

Mad. WARNING.

Est-il heureux ?

BLUM.

Oh! non.

Mad. WARNING.

Non ! Oh ! le ciel a donc rejeté mes prières !

CŒLINE.

Pourquoi n'écrit-il pas ?

BLUM.

Pour ne pas vous affliger.

Mad. WARNING.

Son silence seul nous afflige.

BLUM.

Il craint que si vous connoissiez son séjour et la cruelle position où il se trouve...., vous ne vouliez partager avec lui votre foible existence.

Mad. WARNING.

Il craint cela ! Il envie à sa mère jusqu'à la douceur de partager avec lui ses dernières ressources.

BLUM.

Il s'occupe nuit et jour à gagner quelque chose.

Mad. WARNING.

D'une manière honorable !

BLUM.

Il étoit honnête, et n'a jamais cessé de l'être.

Mad. WARNING.

Sans doute : mais le besoin, le besoin ! ne l'a-t-il jamais réduit....

BLUM.

Jamais.

CŒLINE.

Voyez-vous, ma mère : je savois bien....

Mad. WARNING.

Puisse donc le ciel le combler de ses faveurs !
(*Blum est près de tomber à ses pieds. Il se retient.*)

CŒLINE.

Et la satire ! Monsieur ; la satire ! mon frère a-t-il toujours ce malheureux penchant ?

BLUM.

Il a aujourd'hui la satire en horreur.

Mad. WARNING.

Oh ! si j'en étois sûre !

BLUM.

N'en doutez pas, Madame. Une cruelle expérience l'a rendu sage : il a appris à ses dépens que c'est par l'amour seul qu'on peut rendre les hommes meilleurs, et non pas en versant sur eux le ridicule.

Mad. WARNING.

Ah ! Cœline ! nous pouvons donc nous livrer à l'espérance de le voir heureux et de le serrer encore dans nos bras.

CŒLINE.

Ai-je jamais perdu cet espoir ?

Mad. WARNING.

Monsieur, vous nous procurez un moment bien doux ! le seul peut-être que j'aie goûté depuis dix ans ! si vous vouliez entrer dans notre petit jardin ?

BLUM, *troublé.*

Madame !

Mad. WARNING.

Je veux vous montrer les lieux où votre ami passa ses premières années.

BLUM.

Le temps ne me permet pas....

Mad. WARNING.

Il fait bien chaud : si je pouvois vous offrir.... Je suis pauvre, mais j'offre de bon cœur.

BLUM.

Je vous remercie.

Mad. WARNING.

Quand donc reverrai-je mon fils?

BLUM.

Quand il aura mérité votre amour et votre pardon.

Mad. WARNING.

Ne les mérite-t-il pas déjà....

BLUM.

Non, tant que vous souffrirez des suites de ses fautes.

Mad. WARNING.

Du pain et le bonheur : que faut-il de plus? J'ai du pain : qu'il vienne me rendre le bonheur.

SCÈNE X.

Les précédents, PHILIPPE.

PHILIPPE, *dans le fond.*

ON dit que c'est par ici que je dois le trouver. Si je savois seulement quelle mine il a !....

Mad. WARNING.

Te voilà, Philippe ; que cherches-tu ici?

PHILIPPE.

Je cherche le docteur Blum.

Mad. WARNING.

Je ne le connois pas.

CŒLINE.

Ni moi non plus.

BLUM.

Que voulez-vous? c'est moi.

PHILIPPE.

C'est vous ! tant mieux.

Mad. WARNING.

Excusez-moi, Monsieur, si la joie m'avoit fait oublier de vous demander votre nom.

PHILIPPE.

Je suis chargé de prier M. le Docteur de vouloir bien passer chez le directeur Lowe.

BLUM.

Lowe !

PHILIPPE.

Madame a entendu dire que vous aviez le talent de rendre la vue aux aveugles.

CŒLINE.

Ah ! si Édouard pouvoit !... Quel bonheur !

PHILIPPE.

Sans doute ! il est si bon, si doux, si aimable !

BLUM.

Et votre maître et votre maîtresse ont assez de confiance en moi....

PHILIPPE.

Oh, vraiment ! je suis chargé de vous faire toutes les instances possibles. Il y a une heure que je vous cherche partout. C'est M. le capitaine Klinker qui m'a dit que je vous trouverois ici.

BLUM.

J'irai.

PHILIPPE.

Bientôt ?

BLUM.

Bientôt.

PHILIPPE.

Ah! M. le Docteur! si vous guérissez notre bon Monsieur, toute la maison vous portera en triomphe.

(*il sort.*)

SCÈNE XI.

BLUM, Mad. WARNING, CŒLINE.

CŒLINE.

Avez-vous réellement quelque espoir?

BLUM.

Sans doute. Cela peut être, du moins.

CŒLINE.

Oh! comme Caroline se réjouiroit!

Mad. WARNING.

Et toi?

CŒLINE.

Et moi aussi?

Mad. WARNING.

Et nous tous! Nous nous reverrons, Monsieur; oui, j'ose espérer que nous nous reverrons.

BLUM, *après un moment de silence, pendant lequel on voit qu'il se passe en lui un combat.*

Madame, je voudrois auparavant vous adresser une prière.

Mad. WARNING.

Laquelle, Monsieur?

BLUM.

Si je ne me trompe, votre fils m'a raconté que son étourderie l'avoit brouillé avec la famille Lowe.

Mad. WARNING.

Il n'a dit que trop vrai!

BLUM.

Qui sait s'il ne m'est pas réservé.... Peut-être que si je réussis, je puis espérer de les réconcilier.

Mad. WARNING.

Excellent homme!

BLUM.

Vous voyez donc que pour doubler mes forces vous ne pouvez me refuser....

Mad. WARNING.

Quoi, Monsieur?

BLUM.

Votre bénédiction.

Mad. WARNING.

Monsieur...

BLUM.

Vous ne pouvez me la refuser.

Mad. WARNING.

De tout mon cœur.

(elle élève une de ses mains sur la tête de Blum.)

BLUM, à part.

Ma mère m'a donné sa bénédiction!

Mad. WARNING, le regardant avec surprise.

Quel homme inconcevable!

BLUM, avec énergie.

A présent, Madame, je pourrois presque répondre du succès; vous avez élevé mon ame, électrisé mon courage, enflammé mon zèle! Et lorsque j'ai d'avance reçu un prix si doux, rien ne me coûtera pour vous prouver que je n'en suis pas indigne.

FIN DU SECOND ACTE.

ACTE TROISIÈME.

(Méme décoration qu'au premier Acte.)

SCÈNE PREMIÈRE.

CAROLINE, UN DOMESTIQUE.

(Elle examine une bague d'un grand prix, et un portrait en miniature. Un domestique est au fond, attendant une réponse.)

NON, M. le Conseiller de justice, tous vos diamants n'ont aucun prix pour moi; et votre portrait, fût-il entouré de toutes les pierreries de la couronne, ne feroit aucune impression sur mon cœur. Tenez, mon ami, reportez à votre maître...

LE DOMESTIQUE.

Quoi! Mademoiselle! les diamants et le portrait?

CAROLINE.

Prenez, vous dis-je.　　*(Le domestique sort.)*

(Seule. Elle presse sur son cœur un autre portrait.)

C'est toi seul, mon cher Warning, qui règneras à jamais sur mon cœur.

(Elle entend venir quelqu'un, et cache le portrait.)

SCÈNE II.

CAROLINE seule, assise auprès d'une table.

EST-IL possible que Warning m'ait abandonnée; mon cœur voudroit en douter, mais j'en dois croire mes

5

yeux; j'ai vu cette infortunée, la femme de Warning, qui se plaint de son abandon.... Auguste a trahi ses serments ! C'est aujourd'hui que je sens toute l'horreur de mon sort ; je l'ai perdu pour toujours, et je ne puis l'estimer désormais.

SCÈNE III.

CAROLINE, LE CAPITAINE KLINKER.

LE CAPITAINE.

(*Il entre, et son attitude comique peint l'embarras où le met la proposition qu'il veut faire.*)

MADEMOISELLE !

CAROLINE *se relève avec effort.*

Soyez le bien venu, M. le Capitaine. (*le Capitaine s'avance vers elle, et essaye de parler. Caroline remarque son embarras.*) Eh bien! qu'avez-vous ?

LE CAPITAINE, *toujours embarrassé, et après un silence.*

M. votre père a de bien beaux chevaux !

CAROLINE.

Cela peut être.

LE CAPITAINE.

On auroit beau faire, on ne pourroit pas mettre le feu à votre maison.

CAROLINE.

J'espère aussi que personne n'en a l'intention.

LE CAPITAINE.

Pardonnez-moi : j'ai été tout à l'heure sur le point.....

CAROLINE.

Vous?

LE CAPITAINE, *sans regarder Caroline, et jouant avec le cordon de sa canne.*

Oui. Je me disois : te voilà résolu à te marier.

CAROLINE.

Vous voulez vous marier ?

LE CAPITAINE, *toujours sans la regarder.*

Et où trouveras-tu dans tout l'univers une fille qui puisse valoir Caroline Lowe ?

CAROLINE.

Moi ?

LE CAPITAINE.

Mais veut-elle de toi? c'est là la difficulté.

CAROLINE, *souriant.*

Et c'est pour lever la difficulté que vous vouliez mettre le feu à la maison!

LE CAPITAINE.

Aux quatre coins. Ensuite, me disois-je, tu la laisseras brûler quelque temps...

CAROLINE.

C'est charmant!

LE CAPITAINE.

Ensuite, tu t'élanceras au péril de ta vie ; tu prendras Caroline dans tes bras, tu te précipiteras au travers des flammes, tu la sauveras, et peut-être que, par reconnaissance, elle t'épousera.

CAROLINE.

La tournure est fort nouvelle.

LE CAPITAINE.

Un mot, et dans une heure vous verrez le feu à la maison.

CAROLINE.

Mais il y a bien long-temps que je vous vois tous les jours, et je n'ai jamais remarqué....

LE CAPITAINE.

Je le crois bien ! je ne l'ai jamais remarqué moi-même : ça s'est glissé comme ça, je ne sais trop comment.

CAROLINE.

Il n'est pas en mon pouvoir de vous payer de retour.

LE CAPITAINE.

Non ?

CAROLINE.

Dans ce moment....

LE CAPITAINE.

Dans ce moment, à la bonne heure ; mais un jour peut-être ?

CAROLINE.

Je ne puis vous le promettre.

LE CAPITAINE.

Pourquoi ? si vous faites quelque cas de moi.

CAROLINE.

Oh ! certainement.

LE CAPITAINE.

Ma chère demoiselle ! écoutez, s'il y a quelque chose en moi qui vous déplaise, eh bien ! je m'en corrigerai. Quand je vous dirai : *je t'aime !* vous me répondrez seulement : j'ai de l'amitié pour toi ; et peut-être qu'après m'avoir dit cela pendant deux ou trois ans, vous direz aussi à la fin, *je t'aime !*

CAROLINE.

Excellent homme !

LE CAPITAINE.

Allons : dites donc.

CAROLINE.

Je ne puis vous tromper. Mon cœur a déjà connu l'amour.

LE CAPITAINE.

Qu'est-ce que cela me fait ?

CAROLINE.

J'aime peut-être encore.

LE CAPITAINE.

Ah ! c'est fâcheux, cela ?

CAROLINE.

Un autre obstacle s'oppose.... ma belle-mère m'a promise au conseiller de justice Hypperplam.

LE CAPITAINE.

Oh ! pour celui-là, je lui donnerai à dîner, et il cédera toutes ses prétentions.

CAROLINE.

J'avoue que, dans la position où je me trouve, il n'est pas raisonnable de refuser la main d'un homme comme vous, pour qui j'ai conçu la plus haute estime, et qui veut bien se contenter de ce sentiment.

LE CAPITAINE.

Eh bien ! par conséquent....

CAROLINE, *après un moment de silence.*

Parlez à mes parents.

LE CAPITAINE, *dans l'enchantement, lui baise la main et veut sortir. Il s'arrête tout à coup à la porte, et lui dit :*

Si j'osois, j'aurois encore à vous demander....

CAROLINE.

Quoi ! M. le Capitaine ?

LE CAPITAINE.

C'est que je voudrois bien savoir le nom de celui qui a été assez heureux pour faire quelque impression sur vous : il doit être bien aimable !

CAROLINE.

Hélas ! c'est Auguste Warning !

LE CAPITAINE, *comme frappé de la foudre.*

Auguste Warning !

CAROLINE.

Vous ne l'avez pas connu.

LE CAPITAINE.

Peut-être ; qui sait.... et ce Warning est indigne de votre amour ?

CAROLINE.

Il n'est que trop vrai !

LE CAPITAINE.

Dois-je lui laisser croire.... Il m'en coûtera peut-être mon bonheur ! n'importe, Klinker, il ne faut pas hésiter.

CAROLINE.

Je ne vous comprends pas.

LE CAPITAINE.

Ce Warning est parfaitement digne de votre amour.

CAROLINE.

Le connoissez-vous ?

LE CAPITAINE.

Si je connois mon ami, mon bienfaiteur !

CAROLINE.

Il est marié.

LE CAPITAINE.

C'est faux !

CAROLINE.

Il a abandonné sa femme et ses enfants.

LE CAPITAINE.

C'est faux, vous dis-je.

CAROLINE.

Mais j'ai parlé moi-même à sa malheureuse épouse.

LE CAPITAINE.

A son épouse ! il y a quelque manœuvre infernale
là-dessous.

CAROLINE.

Mais comment auroit-on inventé ?...

LE CAPITAINE.

Eh ! sait-on jusqu'où peuvent aller la méchanceté et
la scélératesse ? je déclare hautement et je soutiens que
tout cela est faux.

CAROLINE.

Ah ! Monsieur ! si vous pouviez prouver....

LE CAPITAINE.

Où est cette femme ?

CAROLINE *sourit; et dit vivement :*

Philippe !

SCÈNE IV.

Les précédents, PHILIPPE.

CAROLINE.

Avez-vous vu quel chemin a pris cette femme
que vous m'avez annoncée ?

PHILIPPE.

Elle est allée chez madame votre belle-mère.

LE CAPITAINE.

Y êtes-vous à présent ?

CAROLINE.

Croyez-vous qu'elle y soit encore ?

PHILIPPE.

Je ne sais pas.

CAROLINE.

Excusez, M. le Capitaine. (*elle veut sortir.*)

LE CAPITAINE *l'arrêtant.*

Encore un mot. Car si je ne vous le dis pas à présent, peut-être qu'un malin génie viendroit me paralyser la langue. Non-seulement Warning est innocent, mais il vous aime plus que jamais. Allez maintenant, et conservez quelque amitié pour moi.

CAROLINE.

Ah ! jusqu'à mon dernier soupir !

(*Elle lui serre la main, et sort avec Philippe.*)

SCÈNE V.

LE CAPITAINE *seul.*

Eh bien ! mon pauvre Klinker ! tu as sauvé ta probité ; mais ton bonheur est au diable. Allons, enfermetoi dans ton cabinet ; prends Cicéron, et lis son Traité de l'amitié. Si pourtant il étoit vrai que Warning... Le plus honnête homme peut faire des sottises.... des sottises, oui : mais des crimes ! jamais.

SCÈNE VI.

LE CAPITAINE, HYPPERPLAM.

HYPPERPLAM.

Ah ! mon ami, je viens de boire à votre santé.

LE CAPITAINE.

Je suis pourtant malade.

HYPPERPLAM.

Eh bien ! envoyez chez moi, il n'y a pas de meilleur remède au monde que le vin du Cap. Il y en a une douzaine de bouteilles pour vous. Vous ouvrez de grands yeux ! Je suis généreux aujourd'hui. Vous serez bien étonné quand la trompette de la renommée..... Devinez d'où je sors ?

LE CAPITAINE.

De table, apparemment.

HYPPERPLAM.

Point du tout, je sors de chez M. le Président. Le Prince a lu mon mémoire.

LE CAPITAINE.

Et vous a donné votre congé.

HYPPERPLAM.

Nous verrons, nous verrons ! hi ! hi ! hi ! hi ! j'ai ordre de me rendre aujourd'hui....

LE CAPITAINE.

Où ?

HYPPERPLAM.

Chez le Prince ! Oui, mon ami, chez le Prince, chez le Prince !

LE CAPITAINE.

Et de bonne foi, vous espérez....

HYPPERPLAM.

Je n'espère pas ; je suis sûr. Le Prince a dit : c'est un homme qu'on ne sauroit trop honorer. Mon Président, qui est un rusé, avoit bien envie de savoir d'où j'ai tiré ce mémoire là. Mais je ne suis pas si bête ! oh ! ma foi non ; *motus*, mon ami.

LE CAPITAINE.

Ah ! ah ! ce n'étoit donc pas votre mémoire ?

HYPPERPLAM.

Si fait, il est à moi; je l'ai payé, et bien cher, ma foi!

LE CAPITAINE.

C'est de Blum ?

HYPPERPLAM.

Chut !

LE CAPITAINE.

Combien lui avez-vous payé cela ?

HYPPERPLAM.

Entre nous, ce garçon là est un sot. Il n'a pas voulu d'argent.

LE CAPITAINE.

Que veut-il donc ?

HYPPERPLAM.

Il m'a demandé pour condition de renoncer à ma future.

LE CAPITAINE.

Et vous y avez consenti?

HYPPERPLAM.

Sans doute. Comment faire autrement ? pour mon argent, je trouverai à me marier partout ! hen ! mais un mémoire comme çà ! souvenez-vous que vous me verrez, pas plus tard qu'aujourd'hui, Conseiller privé.

LE CAPITAINE à part.

Il n'est pas encore marié ! (haut) Je vous fais mon compliment, monsieur le Conseiller privé !

HYPPERPLAM.

Je vous remercie, mon ami ; je vous remercie. Soyez sûr que vous n'y perdrez rien ; votre couvert sera mis chez moi.

LE CAPITAINE.

(*A part.*) Attends , attends : tu ne recueilleras pas le fruit de ses travaux. (*il veut s'en aller.*)

HYPPERPLAM.

Où allez-vous donc ?

LE CAPITAINE.

Manger.

HYPPERPLAM.

Je vais avec vous.

LE CAPITAINE.

Je fais maigre. (*il sort.*)

HYPPERPLAM.

Ah ! c'est différent ! je reste.

SCÈNE VII.

HYPPERPLAM *seul.*

JE ne fais pas maigre moi ! (*il se caresse le ventre*) et ça me réussit à merveille ! cependant j'ai peur que cette journée ne se passe pas sans embarras pour moi. Persister à vouloir épouser la fille , ce seroit manquer de parole à Blum , qui alors jasera , et adieu le Conseiller privé ! allons , allons , l'honneur ! oh ! l'honneur pardessus tout ! je n'épouserai pas.

SCÈNE VIII.

HYPPERPLAM , Mad. LOWE.

Mad. LOWE.

ON vous attend , mon futur beau-fils; tout est prêt pour le mariage.

HYPPERPLAM *embarrassé.*

Comment ! vous avez préparé une fête ?

MAD. LOWE.

Singulière question !

HYPPERPLAM.

Tenez, ma chère ex-belle-mère ! permettez-moi de m'expliquer franchement.

MAD. LOWE.

Tant que vous voudrez ; seulement n'abusez pas de ma patience.

HYPPERPLAM.

Quand il faut se marier, on réfléchit. Je suis né en 1750.

MAD. LOWE.

Eh bien ! vous avez eu le temps de réfléchir.

HYPPERPLAM.

Sans doute, et je suis trop vieux pour me marier.

MAD. LOWE.

Que signifient tous ces détours là ?

HYPPERPLAM.

Est-ce que je n'ai pas parlé assez clairement ?

MAD. LOWE.

Vous retirez votre parole ?

HYPPERPLAM.

Je m'en garderois bien ! je prends seulement la liberté de vous rendre la vôtre.

MAD. LOWE.

Êtes-vous fou, dites-moi ?

HYPPERPLAM.

Pas du tout.

Mad. LOWE.

Vous auriez l'audace de nous faire cet affront.

HYPPERPLAM.

Nous resterons bons amis.

Mad. LOWE.

Peste soit de votre amitié !

HYPPERPLAM.

Nous mangerons souvent ensemble.

Mad. LOWE.

Allez, vous n'êtes qu'un imbécille !

HYPPERPLAM.

Un imbécille, ma chère ex-belle-mère ! ah ! c'est un peu trop fort ! avec mon argent !....

Mad. LOWE.

Sortez de chez moi.

HYPPERPLAM.

Oh ! de tout mon cœur !

Mad. LOWE.

Et qu'il ne vous arrive jamais de passer le seuil de ma porte.

HYPPERPLAM.

Fort bien !

Mad. LOWE.

Vous n'êtes qu'un sot.

HYPPERPLAM.

Cette injure-là ne me fait plus rien.

Mad. LOWE.

Sortez d'ici, vous dis-je ! ou je ne me contiendrois plus.

HYPPERPLAM.

Eh bien donc ! eh bien donc ! un Conseiller de justice !

(*Elle le pousse dehors.*)

SCÈNE IX.

Mad. LOWE *seule.*

MAUDIT imbécille ! mais ainsi va le monde. Les sages prennent la peine de semer ; une bête arrive qui détruit tout. Me voilà bien avancée avec la ruse que j'ai imaginée ! j'aurois dû, au moins, lui demander ses raisons... je gagerois que mademoiselle ma belle-fille est pour quelque chose là dedans ! mais n'importe ; je jure que je m'en débarrasserai à quelque prix que ce soit.

(*Elle entre dans la chambre voisine.*)

SCÈNE X.

BLUM, PHILIPPE.

PHILIPPE, *ouvrant la porte à Blum.*

DONNEZ-VOUS la peine d'entrer, Monsieur. (*il sort.*)

(*Blum regarde autour de lui, il essuie quelques larmes.*)

SCÈNE XI.

BLUM, Mad. LOWE.

MAD. LOWE.

QUE desirez-vous, Monsieur ?

BLUM.

Madame, je suis oculiste, et l'on m'a fait appeler.

MAD. LOWE.

Soyez le bien venu, monsieur le Docteur ; si vous

pouvez réussir, comptez sur la reconnoissance d'une mère bien tendre.

BLUM.

J'y employerai tous mes soins.

Mad. LOWE.

J'ai déjà été bien trompée dans mon attente, mais la réputation dont vous jouissez, me donne de nouvelles espérances.

BLUM.

Je ne puis m'engager à rien que je n'aie vu le malade.

Mad. LOWE.

Je vais vous l'amener sur le champ. (*elle veut sortir.*)

BLUM.

Je vous prie de ne pas lui dire que je suis ici. Je veux le voir sans lui parler.

Mad. LOWE.

J'entends. (*elle entre dans la chambre d'Édouard.*)

BLUM *seul.*

Cette précaution n'est pas inutile. Un aveugle a des organes si fins ! Édouard, mieux que ma mère et ma sœur, auroit peut-être reconnu ma voix, et m'eût découvert avant le temps.

SCÈNE XII.

BLUM, Mad. LOWE, ÉDOUARD, *conduit par sa mère.*

ÉDOUARD.

Où allons-nous donc, maman ?

Mad. LOWE.

Pas loin : reste-là. (*Blum considère attentivement ses yeux.*)

ÉDOUARD.

Pourquoi faire ? (*instant de silence*) vous ne répondez pas. (*autre instant de silence*) Il me semble qu'il y a encore quelqu'un ici.

BLUM *à mad. Lowe.*

Cela suffit.

Mad. LOWE.

Viens, Édouard, je vais te remener dans ta chambre.

• ÉDOUARD *en s'en allant.*

Qu'est-ce que c'étoit donc ?

BLUM *seul.*

O Dieu ! si la main ne me tremble pas, je puis espérer de réussir.

Mad. LOWE *revenant.*

Eh bien ! Monsieur ? quelle sentence portez-vous ?

BLUM.

Il n'est pas impossible de le guérir.

Mad. LOWE.

Vous espérez réellement ?

BLUM.

J'espère.

Mad. LOWE.

Je vous regarderai comme un ange descendu du ciel. Maintenant, Monsieur, pour doubler votre zèle, je vais vous mettre au fait de notre position.

BLUM.

C'est inutile, Madame.

Mad. LOWE.

Nous sommes riches ; mon époux jouit d'une grande considération. Si vous rendez la vue à notre fils unique, vous ouvrez à notre maison le chemin à de nouveaux honneurs. Ainsi comptez sur une récompense proportionnée à un aussi grand service.

BLUM.

Je ne vous dissimule pas que j'exige en effet un très haut prix.

Mad. LOWE.

Quel qu'il soit, vous n'avez qu'à parler.

BLUM.

Je ne veux pas d'argent.

Mad. LOWE.

Comment !

BLUM.

Je veux une épouse aimable ; et je me flatte de l'avoir trouvée dans cette maison.

Mad. LOWE.

Dans cette maison !

BLUM.

C'est mademoiselle votre belle-fille.

Mad. LOWE.

Mais, Monsieur....

BLUM.

Un heureux hasard me l'a fait rencontrer.

Mad. LOWE.

Elle ne m'en a rien dit.

BLUM.

Peut-être n'a-t-elle pas daigné faire attention à moi ; mais l'impression qu'elle a faite sur mon cœur est ineffaçable ; et si je réussis à lui rendre un frère, je demande, pour récompense, la main de la sœur.

6

Mad. LOWE.

Et rien de plus ?

BLUM.

C'est beaucoup.

Mad. LOWE.

Oui, je le crois... à la vérité nous ne vous connoissous pas ; nous ignorons quelle est votre naissance et votre position.

BLUM.

Ma naissance est honnête, mes moyens de subsistance ne le sont pas moins, et ce que j'avance ici je puis le prouver.

Mad. LOWE, *à part.*

Voilà une excellente occasion de m'en débarrasser. (*haut*) Eh bien ! j'en parlerai à mon mari, j'obtiendrai son consentement.

BLUM.

Et le vôtre, Madame ?

Mad. LOWE.

Je le donne, mais à condition que le mariage fait, vous vous éloignerez d'ici.

BLUM.

Et pourquoi nous éloigner ?

Mad. LOWE.

J'ai de pressantes raisons. Je vais vous envoyer ma belle-fille, vous lui parlerez, et je m'en rapporte à vous pour la guérison de mon cher Édouard. (*elle sort.*)

SCÈNE XIII.

BLUM *seul.*

ELLE veut que je m'éloigne ! eh bien ! tout ce qui
m'est cher me suivra. Eh ! ne sera-ce pas une véritable
patrie pour moi que le lieu où je me verrai entouré de
mon épouse, de ma mère, de ma sœur ! Dieu ! elle va
paroître !

SCÈNE XIV.

CAROLINE, BLUM.

CAROLINE.

MA mère m'a dit que vous desiriez me parler.

BLUM, *changeant sa voix.*

J'ai.... je suis....

CAROLINE.

Vous êtes un homme bienfaisant qui venez tirer mon
frère d'une nuit éternelle.

BLUM.

Je crains bien que le prix que j'en exige ne soit trop
élevé.

CAROLINE.

Mes parents ne croiront jamais payer ce bonheur assez
cher.

BLUM.

Mais, vous ?

CAROLINE.

Moi ! en quoi puis-je y contribuer ?

BLUM.

Madame votre mère auroit dû vous dire....

CAROLINE.

Quoi ?

BLUM.

Que j'ose prétendre à la seule récompense qui ait du
prix pour moi, à votre main.

CAROLINE.

A ma main !

BLUM.

Il doit vous paroître étrange sans doute....

CAROLINE.

A la vérité, j'ai peine à concevoir comment un homme qui me connoît à peine.

BLUM.

J'ai des amis qui vous connoissent, et qui ont su vous apprécier.

CAROLINE.

Vous pourriez sur des ouï-dire ?

BLUM.

Je connois de vous des traits qui peignent votre caractère et la noblesse de votre ame.

CAROLINE.

C'en est assez, Monsieur, votre indiscrétion m'offense autant que vos prétentions m'étonnent. Souffrez que je me retire: (*elle va pour sortir.*)

SCÈNE XV.

Les mêmes, UN DOMESTIQUE.

CAROLINE.

QUE voulez-vous ?

LE DOMESTIQUE.

Cette lettre....

CAROLINE.

Donnez.... (*il sort.*) (*elle s'éloigne de Blum, et sans le vouloir, elle lit assez haut pour être entendue.*)
« Mon repentir suivit de près ma faute, et si le besoin
« m'a fait céder aux instances criminelles de madame
« Lowe pour me présenter devant vous sous le faux nom
« de madame Warning, si j'ai osé vous peindre comme

« coupable, un homme que je n'avois jamais connu, la
« douleur que je vous ai causée a déchiré mon cœur.
« Reprenez, Madame ; ce bienfait d'une ame noble et
« généreuse. Puissent mes remords effacer mes torts
« envers vous ! »

Et j'ai pu te croire un instant coupable ? ah ! mon
cher Auguste ! sans toi, les honneurs, la fortune, le
monde entier ne sont plus rien pour moi !

(*Elle joint les mains, et adresse au ciel un regard dans lequel se peignent la joie et la reconnoissance.*)

BLUM.

Si j'ai bien compris....

CAROLINE.

Oui, Monsieur, j'aime ! vous l'avez entendu vous-
même. Ma joie est trop grande pour que je puisse la
dissimuler ! j'aime un jeune homme qui mérite toute ma
tendresse. Vous voyez tout ce qu'on fait pour le bannir
de mon cœur ; mais la mort seule pourroit l'en arracher.
De grace, Monsieur, renoncez à un projet bizarre....
L'aveu de mes sentiments est la seule réponse que je
puisse vous faire. (*elle sort.*)

SCÈNE XVI.

BLUM *seul.*

QUEL bonheur ! mais aussi quelle contrainte pénible !
il est temps qu'elle finisse, il est temps que Caroline me
connoisse, et dût la joie trahir mon secret, il faut
rendre Warning à celle qui n'a pas cessé de l'aimer.

FIN DU TROISIÈME ACTE.

~~~~~~

ACTE QUATRIÈME.

(Le Théâtre représente la chambre d'Edouard.)

SCÈNE PREMIÈRE.

ÉDOUARD, BLUM, M. LOWE, Mad. LOWE, CAROLINE, PHILIPPE.

(Édouard est assis sur une chaise , au milieu de la la scène. Sa tête est enveloppée. Blum est debout devant lui, tenant un instrument en main. On voit près de là, sur une table , beaucoup d'autres instruments. Sont debout, à côté de lui , mad. Lowe, Caroline , Philippe , tous peignent leur inquiétude. M. Lowe est assis tranquillement sur un fauteuil.)

BLUM.

C'EST fini.

ÉDOUARD.

Otez-moi ce bandeau.

Mad. LOWE, CAROLINE, PHILIPPE, *ensemble.*

Peut-il voir à présent ?

BLUM, *ôtant le bandeau.*

Ouvrez les yeux maintenant.

ÉDOUARD.

O Dieu ! comme c'est clair ! comme c'est beau !

BLUM, *lui mettant la main devant les yeux.*

Qu'est-ce que c'est que cela ?

ÉDOUARD.

Une main.

BLUM *place mad. Lowe devant Édouard.*

Connoissez-vous cette dame ?

ÉDOUARD, *étendant les bras.*

Ma mère !

BLUM.

Connoissez-vous ce Monsieur ?

ÉDOUARD.

Mon père !

BLUM, *montrant Caroline.*

Et Mademoiselle ?

ÉDOUARD.

Ces traits là me sont connus.

CAROLINE.

Mon frère !

ÉDOUARD.

Ma Caroline !

BLUM.

Point d'émotions trop fortes !

ÉDOUARD, *à Philippe qui s'avance vers lui en pleurant.*

Tu es le vieux Philippe.

PHILIPPE.

Il m'a reconnu !

Mad. LOWE.

Mon fils ! mon cher fils !

BLUM.

C'est assez : il faut que pendant quelques jours on le prive encore de la lumière.

ÉDOUARD.

Cela est-il bien nécessaire ?

BLUM.

Absolument, pendant quelques jours, ou tout est perdu.

PHILIPPE.

Je me charge de le garder.

ÉDOUARD.

Et Cœline !

PHILIPPE.

Il ne faut pas parler de cela.

BLUM.

Qu'on le remène.

ÉDOUARD.

Oh ! oui ! qu'on me remène. J'ai vu tous les miens.
J'ai vu la lumière du jour, et je dois bénir à jamais mon
bienfaiteur. (*il sort avec Philippe.*)

SCÈNE II.

M. LOWE, Mad. LOWE, BLUM, CAROLINE.

BLUM.

J'AI réussi, Madame ; permettez-moi maintenant de
vous rappeler votre promesse.

Mad. LOWE.

Je l'ai faite et je la tiendrai. Caroline, je le veux,
votre père y consent ; vous épouserez Monsieur, s'il
nous prouve sa naissance comme il vient de prouver son
habileté.

BLUM.

C'est assez, Madame, connoissez-moi. Je ne veux
rien devoir à l'erreur. J'eus autrefois le malheur de vous
offenser. Je viens d'être assez heureux pour vous rendre
un service important ; puis-je me flatter que vous par-
donnerez aux torts de ma jeunesse ?

Mad. L O W E.

Que veut dire cela ?

B L U M.

Je suis Auguste Warning.

Mad. L O W E.

Vous ?

M. L O W E.

Ahi ! ahi !

Mad. L O W E.

Et vous pouvez vous présenter devant moi ?

B L U M.

Celui qui a ouvert les yeux au fils peut-il craindre ceux de la mère ?

Mad. L O W E.

Mais enfin, vos torts....

B L U M.

Dix ans d'absence et de regrets ont dû les réparer, C'est pour guérir Monsieur votre fils que je me suis fait oculiste. C'est pour aider votre époux dans sa vieillesse que j'ai étudié les loix.

M. L O W E.

Comment ! vous avez étudié les loix. C'est de mon département.... Je veux faire un petit essai.

Mad. L O W E.

Taisez-vous.

B L U M.

Que de fois l'aurore m'a surpris, étudiant encore à la lueur d'une lampe, parce que le desir brûlant de mériter mon pardon, ne me laissoit aucun repos.

Mad. L O W E.

Mais, Monsieur, on vous paiera votre opération.

BLUM.

Eh quoi ! par des sacrifices de toute espèce, je me
serois, pendant des années entières, préparé à cet heureux événement, et vous me croiriez payé par quelques
pièces d'or ? j'espère tout, Madame. J'ai mérité la main
de Caroline, vous me l'avez promise ; je réclame mes
droits. (*il saisit la main de Caroline.*)

CAROLINE.

Je suis à vous. La mort seule pourra nous séparer.

MAD. LOWE *à son mari.*

Comment ! en ma présence ! et vous souffrez cela,
Monsieur ?

M. LOWE.

La colère n'est pas de mon département.

SCÈNE III.

Les précédents, LE CAPITAINE.

LE CAPITAINE *hors d'haleine.*

VITE, Docteur ! mon cher Docteur ! chez le Prince !
chez le Prince !

MAD. LOWE.

On va le chasser du pays.

LE CAPITAINE.

Le Prince veut vous voir.

BLUM.

Moi ?

LE CAPITAINE.

Vous ! vous ! allons, partez, partez.

BLUM.

Mais....

LE CAPITAINE.

Édouard, sans doute....

BLUM.

La vue lui est rendue.

LE CAPITAINE.

Bravo ! mon ami ! mais courez chez le Prince. Le bonheur est une fleur qui se fane bien vîte ! il faut se hâter de la cueillir.

BLUM.

J'y vais.... Caroline, quel que soit le sort qui m'attend....

CAROLINE, *lui présentant la main avec résolution.*

Rien ne me fera changer. (*Blum salue et sort.*)

M. LOWE.

Ma foi ! s'il a étudié la jurisprudence, on le placera dans mon département.

SCÈNE IV.

Les précédents, sans BLUM.

Mad. LOWE.

POURROIT-ON savoir par où ce moderne Juvénal a su gagner le cœur de M. le Capitaine ?

LE CAPITAINE.

Un petit service qu'il m'a rendu ; il m'a sauvé la vie.

Mad. LOWE.

Voilà un plaisant jurisconsulte ! il sauve la vie à l'un, fait l'opération de la cataracte.... Mais que fera-t-on de lui à la Cour?

LE CAPITAINE.

Tenez : voilà un homme qui pourra vous expliquer cela au juste.

SCÈNE V.

Les mêmes, HYPPERPLAM.

MAD. LOWE.

VOUS ici, Monsieur ! Après l'affront que vous nous avez fait, vous osez paroître dans cette maison ?

M. LOWE.

Un affront ! je n'ai pas su un mot de cela.

MAD. LOWE.

C'est que ce n'est pas de votre département.

M. LOWE.

Tant mieux : en ce cas là, je puis m'en aller. (*il sort.*)

HYPPERPLAM.

Ah ! M. le Capitaine ! c'est vous qui avez creusé l'abîme où je suis tombé.

LE CAPITAINE.

Moi ?

HYPPERPLAM.

Oui, mon ami : n'est-ce pas vous qui m'avez recommandé ce damné de Blum ?

LE CAPITAINE.

Vous paroissiez si content de lui tout à l'heure ?

HYPPERPLAM.

J'étois un sot.

MAD. LOWE.

Racontez-moi cela. Ce méchant homme aura sans doute fait quelque épigramme contre vous ?

HYPPERPLAM.

Ah ! bien oui ! une épigramme ! quand il auroit fait une satire toute entière, je ne m'en embarrasserois guère. Imaginez-vous que je lui ai acheté un mémoire

mad. LOWE.

A lui?

HYPPERPLAM.

Oui, ma foi ! j'étois pressé.

mad. LOWE.

Et il a profité de votre embarras.

LE CAPITAINE.

Quand vous saurez à quel prix il l'a acheté, vous penserez peut-être autrement.

HYPPERPLAM.

Il me l'a vendu un prix exorbitant : il m'a fallu lui promettre de renoncer à la main de cette jolie enfant.

CAROLINE.

Qu'entends-je ! ô cher Auguste !

mad. LOWE.

Et il vous aura trompé, sans doute, en vous donnant quelque griffonnage.

HYPPERPLAM.

Non, ce n'est pas cela ! au contraire. Mon valet-de-chambre m'a dit que c'est charmant.

LE CAPITAINE.

Il y avoit travaillé des années entières.

HYPPERPLAM.

Ce n'est pas tout : vous allez voir. On m'appelle, en grande hâte, à la Cour. Ha ! ha ! pensai-je en moi-même, me voilà Conseiller privé. Je me présente avec une modeste assurance. Le Prince me fixe long-temps et ne dit rien ; son levrier sautoit autour de moi, et, par contenance, je lui grattois les oreilles, ne prévoyant pas que je gratterois bientôt les miennes. De qui est ce mé-moire, a demandé tout à coup le Prince ? de moi,

Monseigneur, ai-je répondu. Pourriez-vous bien, me dit-il, me répéter sommairement vos idées fondamentales? Je vous en fais juges, mes amis : qu'est-ce que cela veut dire? est-ce que je me suis jamais occupé d'idées fondamentales, moi? hen? hen?

LE CAPITAINE.

Le Prince est bien le premier qui vous en ait demandé.

HYPPERPLAM.

Ne sachant que dire, je m'embarrasse dans mes réponses. Je veux savoir, continue le Prince, quel est le but de vos idées? Or, je vous le demande encore, mes amis, mes idées ont-elles jamais eu un but?

LE CAPITAINE.

Il est sûr que le Prince vous faisoit là d'étranges questions.

HYPPERPLAM.

J'ai souvent entendu dire que les gens d'esprit savoient se taire, et je me suis tu. Mais voilà que, tout d'un coup, j'ai entendu tonner à mes oreilles : « *Vous êtes un im-* « *pudent! je vous chasse de mon service.* » Dans ma frayeur, et sans savoir ce que je faisois, j'ai pincé les oreilles du levrier qui s'est mis à crier et m'a mordu la main. J'ai pris cela pour un avertissement, ma foi! j'ai vu qu'il n'y avoit pas d'autre parti à prendre que de me retirer; je l'ai fait, et me voilà.

MAD. LOWE.

Très bien, M. l'ex-Conseiller privé!

HYPPERPLAM.

Qu'est-ce que cela fait? je ne suis pas ex-riche. Blum aura jasé; ainsi je ne suis tenu à rien, hen? Eh bien! petite maman! qu'en pensez-vous? les liqueurs sont là. On n'a pas encore touché au pâté. J'acheterai un autre titre, et nous allons célébrer les fiançailles.

MAD. LOWE.

Je devrois peut-être vous punir de votre impertinence ; mais je vais tout préparer, ue fût-ce que par dépit, je ne veux pas en avoir le démenti. (*elle sort.*)

CAROLINE.

Ne faites pas grand fonds sur cette promesse, et croyez que je ne ferai jamais les honneurs de votre table.
(*elle entre dans la chambre d'Édouard.*)

HYPPERPLAM.

Qu'est-ce qu'elle entend par-là ? ah ! plaisanterie ! plaisanterie ! Ah ça, mon ami, la frayeur m'a donné appétit, il faut que j'aille un peu me restaurer.

LE CAPITAINE.

N'allez pas oublier jusqu'à l'heure des fiançailles.

HYPPERPLAM.

Je ne resterai que deux petites heures. Des fiançailles ! oh ! on n'oublie pas ça. (*il s'interrompt subitement pour sortir, en chantant à demi-voix :*)

Nous n'avons qu'un temps à vivre.....

SCÈNE VI.

LE CAPITAINE *seul.*

C'EST un grand imbécille ! oui, et toi, Klinker, qu'es-tu donc? pas grand'chose de plus dans ce moment ci ; ta fureur de te marier te rend plus ridicule encore. Caroline t'a refusé. Il reste Cœline : allons, voilà encore une étoile de bonheur qui paroît pour moi sur l'horison.
(*il va au-devant des Dames qui entrent.*)

SCÈNE VII.

Mad. WARNING, CŒLINE, LE CAPITAINE.

LE CAPITAINE.

MESDAMES, je vous rencontre, et s'il est vrai que le hasard soit le souverain du monde, je puis me vanter d'être le favori du souverain.

Mad. WARNING.

Ne doutez pas, M. le Capitaine, de la confiance que vous m'avez inspirée.

LE CAPITAINE.

Et vous, mon aimable enfant ! croyez-vous que je mérite aussi un sentiment d'estime, d'amitié...

CŒLINE.

Si vous en doutiez, Monsieur, ce seroit nous croire insensibles à l'intérêt que vous avez déjà paru prendre à nous.

LE CAPITAINE.

Ainsi, souffrez que je me regarde déjà comme votre frère.... Et si Monsieur votre fils, Madame, venoit tout à coup à paroître ?

Mad. WARNING.

Hélas ! je ne le reverrai jamais!

LE CAPITAINE.

On ne peut pas savoir. En tout cas, ma sœur, si cela arrive, je me mets sous votre protection. Faites bien attention à cela; sous votre protection ! c'est alors à vous que je demanderai une mère.... une mère ! entendez-vous ?

CŒLINE.

M. le Capitaine !

LE CAPITAINE.

Allons, je vous quitte ; mais je reviens tout à l'heure, et j'amenerai un intercesseur, et alors vous me direz que vous m'avez entendu. (*il sort précipitamment.*)

CÆLINE.

Qu'a-t-il voulu dire ?

Mad. WARNING.

Je n'ose approfondir....

SCÈNE VIII.

Les mêmes, M. LOWE.

M. LOWE.

HA ! ha ! madame Warning ! c'est vous ! sans doute, au sujet de la pension ! n'y a-t-il pas de domestique ici ? vous a-t-on fait long-temps attendre ?

Mad. WARNING.

On n'a peut-être fait que prolonger mon espérance.

M. LOWE.

Entrez. Je vais vous communiquer la décision de son Altesse. (*elle entre chez M. Lowe.*)

CÆLINE *seule.*

Je n'apperçois pas Édouard. Le Docteur l'a-t-il vu ?... pourra-t-il le guérir ! (*elle écoute à la porte d'Édouard*) Tout est tranquille ! je n'entends pas le moindre bruit. Dort-il ? n'est-il pas malade ? malade ! et peut-être n'a-t-il personne auprès de lui ! (*elle frappe doucement à la porte*) Édouard ? que fais-je ! quelle imprudence !

SCÈNE IX.

CŒLINE, ÉDOUARD, PHILIPPE.

PHILIPPE.

QUE voulez-vous, ma petite demoiselle?

CŒLINE.

Mon bon Philippe ! je voudrois seulement savoir comment se porte votre jeune maître?

PHILIPPE.

Oh ! à merveille.

CŒLINE,

L'oculiste est-il venu ?

PHILIPPE.

Sans doute.

CŒLINE.

'A-t-il l'espoir de le guérir?

PHILIPPE.

Il l'a déjà guéri.

CŒLINE.

Que dites-vous ?

PHILIPPE.

Mon bon jeune maître voit déjà.

CŒLINE.

Il voit !

PHILIPPE.

Mais il faut qu'il se ménage encore.

CŒLINE.

Édouard a recouvré la vue ! ô Dieu !

PHILIPPE.

Il lui est défendu de se lever.

ÉDOUARD, *entrant les yeux bandés.*

J'entends la voix de Cœline !

CŒLINE, *lui sautant au cou.*

Édouard ! est-il donc vrai ?

PHILIPPE.

De grace, M. Édouard....

ÉDOUARD.

Oh ! je veux voir ma Cœline ! quand mes yeux devroient ensuite se refermer pour toujours !

PHILIPPE, *l'empéchant d'ôter son bandeau.*

Non, je ne dois pas permettre.... M. le Docteur a défendu....

ÉDOUARD.

Philippe ! je te demande en grace ! une minute seulement ; tu n'as pas oublié qu'elle demeuroit avec nous ?

PHILIPPE.

Surement non.

ÉDOUARD.

Combien elle étoit bonne pour nous tous !

PHILIPPE.

Oh ! surement.

ÉDOUARD.

Et sur-tout pour moi ! elle ne m'abandonnoit jamais. Quand tous les autres alloient au bal, au spectacle, elle restoit avec moi ! oh ! je veux la voir ! je veux la voir !

PHILIPPE, *toujours l'arrétant.*

Je vous en prie, Mademoiselle, aidez-moi.

CŒLINE.

Moi ! allons, Édouard, sois raisonnable.

PHILIPPE.

M. Édouard, vous allez redevenir aveugle.

ÉDOUARD.

Eh, bien! j'aurai vu Cœline. (*il arrache son ban-deau*) Cœline, est-ce toi? parle, pour que j'en sois sûr.

CŒLINE.

Oui, c'est moi!

ÉDOUARD.

Oh! que tu es grande! que tu es belle!

CŒLINE.

Mon bon Édouard!

PHILIPPE.

Votre bandeau, Monsieur, votre bandeau.

ÉDOUARD, *laissant tranquillement remettre le bandeau.*

Oh, oui! faites tout ce que vous voudrez maintenant. La figure de Cœline me sera toujours présente! je l'ai vue! j'ai vu couler ses larmes!

(*Philippe le met sur une chaise longue.*)

ÉDOUARD.

Donne-moi ta main, ma bonne Cœline! (*il la presse sur son cœur*) Laisse-moi cette main : laisse-la moi pour toujours! tu as si bien su me guider! oh! conduis-moi dans le sentier de la vie! conduis-moi jusqu'au tombeau.

SCÈNE X.

Les précédents, Mad. WARNING.

(*Elle sort d'un air abattu de la chambre de M. Lowe, qui la conduit jusqu'à la porte, et rentre.*)

MAD. WARNING.

VIENS, ma fille! nous n'avons plus de ressource que dans notre travail.

CŒLINE.

Ma mère , Edouard voit !

Mad. WARNING.

Il voit ! seroit-il vrai ? (*elle va à lui , et lui prend la main*) Mon bon Édouard ! toi que j'ai toujours chéri comme mon fils....

ÉDOUARD.

Ah ! ma mère ! dès que je pourrai sortir, j'irai vous voir.

Mad. WARNING.

Viens, Cœline !

SCÈNE XI.

Les précédents , AUGUSTE WARNING.

(*Il ouvre la porte précipitamment ; il voit sa mère et sa sœur , et entre en hésitant.*)

Mad. WARNING, *en approchant de la porte.*

Je vous félicite , Monsieur.

AUGUSTE , *d'une voix tremblante.*

Demeurez, Madame, j'ai quelque chose à vous communiquer.

Mad. WARNING.

A moi ?

AUGUSTE.

Je sors de chez le Prince.

Mad. WARNING.

Ah ! je sais déjà....

AUGUSTE.

Non : vous ne savez pas. Protégé par votre bénédiction, j'ai eu le bonheur de rendre la vue à cet intéressant jeune homme. Un instant après j'ai été mandé à la Cour. Un mémoire, un mémoire auquel j'ai consacré bien des veilles, m'a gagné les bonnes graces du souverain ! il a daigné m'accorder une faveur à mon choix. J'ai parlé : il m'a exaucé. Tenez. (*il présente un papier à Mad. Warning.*)

MAD. WARNING *très étonnée, déploie le papier.*

Que vois-je ? une pension ! et tellement au-dessus de mes espérances !.... Quoi ! vous faites pour moi tout ce qu'on feroit pour la mère la plus tendre !

AUGUSTE.

Que je serois heureux, si, à cette action, vous reconnoissiez un fils ! (*il s'avance vers elle en lui tendant les bras.*)

ÉDOUARD.

Dieu ! c'est la voix d'Auguste !

(*Mad. Warning paroît à ces mots comme électrisée, ses yeux se fixent sur son fils, et son visage marque en même temps la crainte, l'espoir et la tendresse.*)

CŒLINE.

Quel pressentiment !

MAD. WARNING.

Ah ! si c'étoit mon fils, il se jetteroit dans les bras de sa mère ! (*il s'y précipite.*)

CŒLINE.

Mon frère !

ÉDOUARD.

C'est lui ! c'est lui !

AUGUSTE.

Heureux moment ! je retrouve donc une mère !

CAROLINE.

Et une épouse !

CŒLINE.

Mon frère !

SCÈNE XII et dernière.

Les précédents, M. LOWE, Mad. LOWE.

Mad. LOWE.

Il y a beaucoup de monde ici ! je vois couler des larmes ! c'est, sans doute, une scène d'adieu ?

AUGUSTE.

Votre maison, Madame, est, dans ce moment, l'asile de la joie la plus pure !

Mad. LOWE.

Vous venez de chez le Prince ?

AUGUSTE.

Je sors de chez le meilleur et le plus digne des souverains. Il accorde une pension à ma mère !

Mad. LOWE.

En vérité !

AUGUSTE.

Il a daigné me nommer Conseiller privé. Tous se sont réconciliés avec moi ; tous m'ont pardonné les impru-

dences de ma jeunesse; vous seule me repoussez encore.
Faites qu'il ne manque rien à mon bonheur !

ÉDOUARD.

Il m'a rendu la lumière !

CAROLINE.

Il m'a été si fidèle !

Mad. WARNING.

C'est un si bon fils !

CŒLINE.

Un frère si tendre !

M. LOWE.

Un bon jurisconsulte !

Mad. LOWE.

S'il étoit vrai que son Altesse....

AUGUSTE.

Voici sa lettre au ministre.

Mad. LOWE.

Un exemple aussi grand!....

AUGUSTE.

Achevez !

Mad. LOWE.

Mais plus de satires, plus d'épigrammes !

AUGUSTE.

Jamais.

Mad. LOWE.

M. le Consciller privé, je vous pardonne.

AUGUSTE. (*Klinker entre.*)

Mon cœur ne peut contenir tant de joie !

LE CAPITAINE.

Eh bien ! ton ami t'ouvre le sien.

AUGUSTE.

Cher Capitaine ! c'est vous qui avez terminé mes maux !

LE CAPITAINE.

C'est pour cela que je partage tes plaisirs. Allons, mon ami, je te félicite ; ta barque est au port, la mienne est encore ballottée par les flots. Mais je vois ici quelqu'un. (*il regarde Cœline.*)

ÉDOUARD.

Promettez-moi qu'un jour Cœline deviendra mon épouse.

LE CAPITAINE.

A merveille !

ÉDOUARD.

Parle, Cœline, le veux-tu ?

LE CAPITAINE.

Elle ne répond point ; rien n'est plus clair.

Mad. LOWE *à son mari.*

Qu'en pensez-vous, mon ami ?

M. LOWE.

Cela n'est pas de mon département.

LE CAPITAINE.

Allons, je vois bien ce qui en est : tiens, petit aveugle, je te la cède.

ÉDOUARD.

Ma Cœline !

Mad. LOWE.

Mes enfants !

AUGUSTE.

Dix ans d'exil ne m'ont que trop fait apprécier les dangers de la satire. Mais un nouveau jour luit pour moi! la mère a reconnu son fils; le souverain a daigné accueillir son sujet; tous mes liens étoient rompus; ce jour me rend une famille et une patrie.

LE CAPITAINE.

Et moi je ne me marierai que lorsque j'aurai trouvé une femme comme Cœline.

ÉDOUARD.

Mon ami, vous courez risque de mourir garçon!

FIN.

www.ingramcontent.com/pod-product-compliance
Lightning Source LLC
Chambersburg PA
CBHW060631100426
42744CB00008B/1591